La alianza

Adiestramiento del caballo basado en la confianza y el respeto

Bartolomé Carlos Minetti

Categoría: Animales y naturaleza | Colección: Caballos

Título original: *La alianza*

Primera edición: Noviembre 2018
© 2018 Editorial Kolima, Madrid
www.editorialkolima.com

Autor: Bartolomé Carlos Minetti
Fotografías: Peter Franke
Dirección editorial: Marta Prieto Asirón
Maquetación de cubierta: Sergio Santos Palmero
Diagramación y diseño: Bárbara Couto Artilugio
Colaboradores: Rocío Vijande López

ISBN: 978-84-17566-15-9
Depósito legal: M-35991-2018
Impreso en España

No se permite la reproducción total o parcial de esta obra, ni su incorporación a un sistema informático, ni su transmisión en cualquier forma o por cualquier medio, sea este electrónico, mecánico, por fotocopia, por grabación u otros métodos, el alquiler o cualquier otra forma de cesión de la obra sin la autorización previa y por escrito de los titulares de propiedad intelectual.

Cualquier forma de reproducción, distribución, comunicación pública o transformación de esta obra solo puede ser realizada con la autorización de sus titulares, salvo excepción prevista por la ley. Diríjase a CEDRO (Centro Español de Derechos Reprográficos) si necesita fotocopiar o escanear algún fragmento de esta obra (www.conlicencia.com; 91 702 19 70 / 93 272 04 45).

*Agradezco a mi esposa, María del Carmen,
y a mis hijos Bartolomé, Inés y María,
que me han acompañado y alentado
en esta gran pasión del caballo.
A ellos y a mis nietos les dedico este libro.*

*También agradezco a mi madre y a mi padre
con quien compartí durante mis años de niñez
la primer montura.*

*Mi agradecimiento a mis maestros
de quienes tanto he aprendido
y, que me han enseñado a amar con pasión a los caballos.*

*No puedo dejar de expresar mi afecto a
con quienes me inicié en el adiestramiento,
Don Luis L. Lacey, Ernesto Tagle, Monty Roberts y Rui Pandolfo.*

*A mis maestros anónimos, los peones de campo
con los cuales durante muchos años
hemos compartido el trabajo rural.*

*Y a todos los que me han animado
a escribir este libro y me han ayudado a hacerlo realidad,
y especialmente a Jesús Díaz de Cerio Berganza.*

Índice

Primera parte

Adiestramiento del caballo basado en la confianza y el respeto recíprocos... 9

- Primer principio: dominio vs. control 10
- Segundo principio: refuerzos positivos y negativos 13
- Tercer principio: lenguaje 13
- Cuarto principio: liderazgo 14
- Quinto principio: disciplina 17

¿Cómo actúan los caballos? 18

- El lenguaje del caballo 21
- El lenguaje del entrenador 25
- Refuerzos positivos y negativos 31
- Alimentación y manejo del caballo 37
- Impulsos naturales 39
- El caballo y sus sentidos 43
- Comportamiento social 47
- La autoestima del caballo 51
- Influencia de las emociones en el caballo 53

Segunda parte

Cómo aprender a controlar los movimientos del caballo 55

- Preparación para la doma de un potrillo de dos años 56
- Trabajo a la cuerda 63
- Doma básica de un potro de dos años 71
  - Un sólido cimiento 71
  - Trabajando el cuello del potro 71
    - Ejercicios 1 a 6 72
  - Flexión 78
  - Ceder a la pierna 79
  - Círculos 79
  - Retroceso 80

- Ejercicio de flexión y correcta alineación de un caballo de tres años 83
  - Teoría de la falta de aire 83
  - Ejercicio de flexión y alineación correcta 83
  - Ejercicio de la nuca y el cuello 83
  - Ejercicios de paleta 84
  - Ejercicios de costilla 85
  - Ejercicios para la cadera o el anca 85
  - Alineación del caballo 87
- Círculos y cambios de mano 89
- Retroceso y parada 97
- Rayada 103
- Control de la velocidad 107
- Giros a 180 y 360 grados 111
  - *Rollbacks* o giros a 180 grados 111
  - *Spins* o giros a 360 grados 117
- Maniobras a realizar en los esquemas de rienda 121
- Embocaduras 125
  - Filete 127
  - Freno 128

Conclusiones 133

Bibliografía 137

La alianza

Adiestramiento del caballo basado en la confianza y el respeto

Bartolomé Carlos Minetti

El caballo se hará receptivo a mis órdenes
si lo trato con suavidad y
estoy tranquilo a su lado,
aunque siempre con firmeza.
Si ha sido maltratado en la boca
él reconocerá como una amenaza
la señal que le doy con el freno
preparándose para lo peor,
se pondrá tenso y se resistirá el freno.

Primera parte

Adiestramiento del caballo basado en la confianza y el respeto recíprocos

¿Qué es la doma o adiestramiento?

Es el método con el cual el jinete enseña al caballo un lenguaje compuesto por numerosas señales delicadas, casi invisibles, con el objetivo de ganarse su confianza y así poder establecer una comunicación y alianza. Mediante este procedimiento el caballo responde voluntariamente y ejecuta lo que el jinete le solicita.

Si durante el proceso de adiestramiento o doma le causo dolor al potro, nunca podré ganarme su confianza pues me verá como un depredador. Donde hay temor nunca puede haber entendimiento y cooperación. Si, por el contrario, le demuestro que puede confiar en mí, entonces obtendré su cooperación y él a su vez confiará.

Para ganar la confianza del potro necesito respetarlo. Respetarlo es no imponerle mi lenguaje sino escuchar el lenguaje de los caballos.

Aplicando estas premisas —el respeto y la confianza— podré consolidar una «alianza» con el caballo.

¿Cuál es el sentido de la palabra «alianza»?

Este término surge del significado de generar una relación de unidad entre dos o más miembros que voluntariamente se juntan con un objetivo común. Se fusionan, debiendo respetarse mutuamente a pesar de ser de características diferentes. Aún siendo de niveles distintos, ninguno de ellos impone su poder ante las posibles desigualdades que pueden existir entre ambos.

El lector podrá descubrir la manera de obtener una «alianza» con su montura siguiendo los procedimientos que detallo seguidamente.

Ante todo, toda acción que realizo con los caballos debe tener en cuenta cinco principios que menciono a continuación a modo de síntesis. Si alguno de ellos falta algún problema o error se manifestará irreversiblemente.

Primer principio: dominio vs. control

Dominar al caballo es obligarlo a que me responda utilizando la intimidación o cualquier otro método, incluso los más violentos.

El dominio del caballo implica arrasar con todo para conseguir el objetivo. Al potro no le queda otra salida que obedecer al jinete, que se impone doblegándolo.

El dominio implica intimidación o violencia. El caballo ve en quien lo adiestra a un depredador, un enemigo, y alguien en quien no podrá confiar jamás. Nunca lo aceptará como su líder.

Hay jinetes que utilizan la intimidación como método de doma. Con esta solo se consigue que el caballo desconfíe de quien lo monta, obedezca por miedo y siempre espere lo peor.

El método del castigo implica dolor. La desventaja de utilizarlo es que el dolor siempre causa miedo al animal, lo cual obstaculiza el aprendizaje y genera resentimiento. El castigo no incrementa el conocimiento y la capacidad de aprendizaje; lo que enseña es a cómo poder evitarlo y así el caballo trabajará lo justo para eludirlo.

Pretender dominar al caballo como método de enseñanza es totalmente inútil. Si se le castiga solo se suprimirá una respuesta durante un tiempo, pero no se la podrá eliminar por completo. Dominando al caballo no se le enseña la respuesta correcta. Esto es algo que todos los domadores y jinetes deben aprender.

Queda claro que este tipo de manejo no implica capacitar al caballo ni estimularlo a tomar decisiones. Sin embargo existe un proceso de aprendizaje real y verdadero que es el que explicamos en este libro.

Cuando descubro que el caballo tiene capacidad de comprender lo que el jinete le pide, en ese momento habré dejado de utilizar la violencia y empezaré a emplear medios más sutiles para conducirlo. Este es el gran desafío que invita al jinete al verdadero cambio.

El **control** es el método que propongo por considerar que respeta y permite ganarse la confianza del caballo.

Comienzo controlando los movimientos del potro; tras haber conseguido este control, continúo trabajando con el pensamiento y por último las emociones del animal.

Para controlar el movimiento trabajo al potro en el corral redondo. El animal girará hacia un lado, luego cambiará la dirección y modificará el aire. Para avanzar en el adiestramiento debo plantear pequeños objetivos, como por ejemplo, que primero gire para un lado, luego pare y lo haga hacia el otro y *a posteriori* controlar y mantener el aire, paso, trote y galope.

Cuando haya conseguido un objetivo avanzo hacia el siguiente realizando los ejercicios uno, dos, tres y cuatro que se proponen.

Cuando el potro realiza correctamente los ejercicios eso me indica que ha dejado de tener dispersa su atención. Paso entonces al segundo control, el del pensamiento.

Un buen jinete debe conocer cómo piensa y qué piensa su caballo para poder conducirlo sin violentarlo. No todos los caballos piensan de la misma manera. La cantidad de formas de pensar es infinita.

Su temperamento es muy variable. No puedo tratarlos de la misma manera; me debo adaptar a cada uno y a su manera de ser de forma individual.

Ahora lo que intentaré transmitirle es que esté atento a mis órdenes, que no se distraiga, que esté pensando en el trabajo que debe realizar.

El caballo nuevo es lento en responder a las órdenes; necesita un tiempo para pensar y procesar la orden, luego reacciona. No debo apurarme, ni apurarlo, debo esperarlo. De lo contrario se volverá ansioso y se descontrolará.

En esta etapa del trabajo, el potro requiere un mayor grado de disciplina. Un caballo que se encuentra en la etapa inicial de adiestramiento no debe distraerse, debe atenderme constantemente. Si comienza a distraerse, ya sea fijándose en otros animales o en su entorno, es posible que en cualquier momento ponga en marcha su instinto de huida y pierda totalmente el control. Entonces se disparará, corcoveará o realizará cualquier acción peligrosa.

El potro siempre debe trabajar relajado y de forma disciplinada.

El tercer y último control que debo enseñarlo al animal es sobre las emociones.

Las emociones son una fuerza muy poderosa en el comportamiento de los caballos. Así por ejemplo, el miedo, el enojo, las afinidades del animal respecto a otro de su misma especie o con el hombre, el hecho de haber sufrido algún accidente, situaciones especiales que lo excitan, el maltrato, una mala doma, el clima, el mal tiempo, el sexo, etc. todo esto puede impulsarlo a actuar de manera muy distinta a la habitual. La reacción natural del caballo será poner en marcha el instinto de huida.

¿Cómo conseguir controlar las emociones?

Ante todo, no hay que exponer al potro a situaciones que provoquen desequilibrio emocional. Por ejemplo: galopar de forma anticipada o cuando no están afianzados los controles anteriores. Siempre hay que tratar de generar un ambiente de tranquilidad y relajación.

Conviene trabajar mucho los dos primeros controles —movimiento y pensamiento—, y cuando estoy seguro de que los regulo avanzar a situaciones en las cuales pueden estar en juego las emociones.

Cuento con diferentes situaciones para ir avanzando en el control de las emociones, como por ejemplo cambiar el lugar de trabajo. Los caballos son animales de costumbres y el cambio del lugar habitual de trabajo provoca una modificación de sus emociones. Otra situación a tener en cuenta es cuando el potro trabaja en la pista y pasa un grupo de caballos galopando. Hay que observar la reacción del animal. Si se

altera, hay que hacer círculos o bien cambiarle el punto de atención. El paso de un camión o de un vehículo grande, o salir al campo y arrear una manada de caballos o vacas son buenas pruebas para corroborar cómo funciona este control. También observar qué actitud asumen los potros ante la presencia de una yegua, ver cómo reaccionan cuando algún objeto vuela o se lo lleva el viento o cuando aparece una persona o animal sorpresivamente, estar atentos a los cambios de tiempo, etc., entre otras manifestaciones que provocan o alteran las emociones de los caballos.

En algunos potros, las emociones condicionan muy fuertemente su conducta o personalidad. Hay caballos que reaccionan impulsivamente y otros que primero evalúan la situación y luego actúan. Como es un animal de huida, es posible que reaccione huyendo ante una situación de alteración de sus emociones; huirá ciegamente sin tener en cuenta absolutamente nada, y en el caso de estar siendo montado eso representará un gran riesgo para quien lo monta. Por eso, los animales cuyas emociones han sido afectadas resultan sumamente peligrosos, más aún para las personas poco experimentadas.

La alteración de las emociones se puede producir en un caballo totalmente manso: es suficiente someterlo a una situación que la provoque. En estos casos es muy difícil recuperar el sistema emocional del caballo. Por ejemplo, un potro manso pero muy excitable, si lo monta un jinete poco experimentado, lo galopa con abuso y descontroladamente, terminará viendo alteradas sus emociones y será difícil recuperarlo.

Cuando monto un caballo, si inicialmente lo obligo a galopar desordenadamente o a gran velocidad, lo que estoy haciendo es incitarlo a poner en marcha el instinto de huida, lo que resulta muy peligroso ya que comenzará a desobedecer al jinete.

El control de las emociones es el último de los controles que enseño al potro y lo hago cuando ya he conseguido los otros dos controles previos.

Cuando consigo manejar estos tres controles entonces puedo considerar que el caballo ha concluido la primera etapa del adiestramiento y estará listo para iniciar su actividad deportiva o de trabajo.

Segundo principio: refuerzos positivos y negativos

Un refuerzo es positivo cuando resulta de aplicar un estímulo agradable para el caballo en el momento en que se produce un comportamiento o respuesta positiva por parte del animal. Cuento con los siguientes refuerzos positivos o recompensas: quitar la presión, el descanso, la libertad, finalizar el trabajo y desensillar el potro, el afecto, que puedo transmitir mediante caricias o expresiones verbales, como podrían ser decirle «bien», «muy bien», etc.

Un refuerzo negativo modifica la conducta del caballo al privarlo de algo que él estima o aplicarle algo que quiere evitar.

Los refuerzos negativos no son castigos y nunca implican aplicar violencia al caballo; son señales que lo ayudan a comprender lo que está bien y lo que está mal. Aplico un refuerzo negativo cuando presiono al caballo para que obedezca; tan pronto como obedece lo dejo de presionar y aplico un refuerzo positivo. Dispongo, por ejemplo, de los siguientes refuerzos negativos: insistir trabajando con un ejercicio hasta que lo haga correctamente; mi mirada fija puesta en los ojos del potro; acercarme a él invadiendo el espacio individual que hay a su alrededor (llamado espacio personal); el tono de voz, que se gradúa según la necesidad de presión que quiero ejercer; el trabajo y su intensidad; el uso de la fusta (no para castigarlo, sino como herramienta para acercarme e invadir su espacio personal); la espuela, que presiona para dar señales (no la utilizo para asustar o para que avance); el toque de las riendas; las señales que emiten las embocaduras o los frenos; las actitudes y gestos que realizo similares a los que emiten los depredadores; efectuar una maniobra con un alto nivel de exigencia; el movimiento de los talones, etc.

El refuerzo negativo debe ser utilizado con precisión en el tiempo y en intensidad.

Aplicar el refuerzo negativo como corrección fuera de tiempo o de forma muy severa es contraproducente. Por el contrario, una indicación aplicada en el momento oportuno produce la obediencia inmediata.

En relación al tiempo, la corrección debe hacerse en el segundo exacto en el que se comete la falta. Esto es lo más ventajoso para el adiestramiento del caballo. Si se hace a destiempo, se confunde al animal por ser tardía, interfiriendo con la próxima acción del potro que no merece sanción y provocando así su desconcierto.

Tercer principio: lenguaje

Si el adiestramiento es la acción de enseñar, para poder enseñar necesito comunicarme. El lenguaje que empleo es el mismo que utilizan los caballos que viven en manada, que es igual desde hace millones de años. El lenguaje «equus» es una herramienta fundamental para la comunicación con el caballo.

El animal se expresa mediante señales que emite con su cuerpo, lo que podemos llamar el «lenguaje del cuerpo». La posición de la cabeza exterioriza diferentes estados de ánimo: cuando está hacia abajo manifiesta relajación; este signo se complementa con las orejas caídas; cuando levanta la cabeza está en guardia, posible peligro, o bien advierte de que pondrá en marcha el instinto de huida; este es el medio de defensa con el que cuenta para sobrevivir en la naturaleza y para defenderse de los cazadores; las expresiones de su cabeza, el movimiento de su piel, etc.

También hay que prestar atención a la posición del cuarto trasero del caballo: cuando lo coloca apuntando a otro caballo o al hombre transmite un mensaje de advertencia para quien quiera acercarse.

Además, las orejas son transmisoras de señales: cuando el caballo está tranquilo y libre en el campo, sus orejas apuntan hacia delante, su mente está en observación. Si ambas orejas están para atrás, lo que quiere expresar es que está a disgusto, que hay algo o alguna persona que le molesta. En consecuencia, está listo para atacar, ya sea patear, abalanzarse, morder o bien agredir. Cuando trabajo en el corral redondo, si el potro me apunta con su oreja interior significa que quiere conseguir un acuerdo conmigo.

En cuanto a su cola, que es la continuación de la columna vertebral, cuando está pegada al cuerpo, entre ambas piernas, transmite un mensaje de enojo, desconfianza o molestia en general. La cola suelta que se mueve en libertad representa un estado de tranquilidad y relajación. El mover la cola hacia arriba y hacia abajo quiere decir que está a disgusto con quien lo monta por la forma en que este lo conduce; generalmente son jinetes que maltratan a sus monturas. Una cola levantada y paralela al suelo implica que el caballo está contenido y necesita descargar energía.

La presión que ejerzo es parte de este lenguaje: cuando el caballo responde, le quito presión. Con la acción de presionar y quitar presión dirijo el caballo hacia el objetivo que necesito. El caballo aprende y su nivel de aprendizaje será mayor y más rápido en función de la velocidad en que yo le levante la presión ante su buena respuesta.

Cuarto principio: liderazgo

El entrenador debe liderar la relación con el caballo; de ser así, el animal prestará atención al que lo enseña o lo monta.

¿Cuál es la razón de la vida en manada y del liderazgo?, ¿qué buscan sus miembros al agruparse? Esperan protección y cuidado, lo que consiguen mediante el liderazgo. Yo debo ofrecerle al caballo cuidado y protección, y por eso utilizo el método de control para conducirlo.

El control genera confianza y estimula al caballo para que se sienta protegido por parte del que lo adiestra, quien será aceptado como líder.

Cuando el caballo me acepta como líder, puedo iniciar el proceso de educación pues el animal me prestará su atención y me obedecerá.

El adiestrador es quien pasa a asumir la responsabilidad de la toma de decisiones. Es importante recordar que el caballo no desea tener esa responsabilidad.

Debo utilizar movimientos lentos, pues estos atraen a los caballos y afianzan el liderazgo.

Cuando un caballo controla el espacio de otro y lo aparta de su camino, sube en la escala social. El que pierde se aleja y el que gana consigue reforzar su posición. Esta pauta de comportamiento natural hace posible que el caballo esté en posición de admitir la aparición en la manada de un nuevo líder superior a él. En este caso, ese es precisamente el adiestrador.

Observar cómo una persona lleva un caballo del ronzal es una muy buena indicación sobre el modo en que se desenvolverá como adiestrador y «caballo jefe». Por ejemplo, si el caballo se resiste a avanzar y el adiestrador gira de inmediato para mirarlo, lo que estará haciendo será reforzar su sensación que transmite de inseguridad. Una persona insegura o que duda, que siempre mira hacia atrás y/o hacia el caballo

cuando lo lleva de la mano, refuerza la inseguridad del animal respecto a un líder que no le merece confianza. Al caballo le costará más obedecer y tendrá tendencia a hacer lo que le parezca si considera que tiene ante sí a un subordinado.

¿Qué hago cuando el caballo no responde al ramal o lo hace con lentitud? En este caso, no tiraré constantemente del ramal sino que lo haré de forma intermitente, o bien de forma pendular hasta que sienta que el caballo disminuye la resistencia. Al disminuir la resistencia iré reduciendo la presión, siempre de forma intermitente. Este mecanismo permite la comunicación y el potro va diferenciando que, ante una respuesta positiva, disminuye la presión. Finalmente, el caballo responderá espontáneamente, sin necesidad de ejercer ningún tipo de presión.

Para reforzar mi posición de liderazgo, cuando conduzca a un caballo o potro, le colocaré una cabezada, caminaré hacia delante, y luego me frenaré. El potro deberá frenarse inmediatamente; si no lo hace, aplicaré un refuerzo negativo. Con el ramal le daré unos golpecitos en el pecho hasta que se frene. Repetiré el ejercicio tantas veces como sea necesario hasta que se frene. Si se frena lo acariciaré en la frente como recompensa —refuerzo positivo—; esto hará que el potro entienda que lo que hizo es correcto.

Cuando haya comprendido este primer paso, haré lo mismo: caminaré hacia delante, me frenaré, y después caminaré hacia atrás; si acompaña mis movimientos lo recompensaré y no repetiré el ejercicio. En el caso de que no me acompañe, aplica-

ré el refuerzo negativo tantas veces como sea necesario hasta obtener su obediencia. Cuando la consiga, aplicaré un refuerzo positivo y lo acariciaré en la frente.

Las personas con un lenguaje corporal positivo, que tienen las ideas claras y un movimiento cadenciado y regular, son buenas adiestradoras. Los caballos perciben la firmeza y la capacidad del control de este lenguaje corporal y responden a él favorablemente. No debe haber dudas ni negatividad. Tener un lenguaje corporal directo y claro es uno de los objetivos fundamentales del adiestramiento sin resistencia.

El líder es una persona que posee condiciones especiales. Por ejemplo, es coherente con lo que hace y con lo pretende de su alumno; su conducta no depende de su estado de ánimo; es constante, no agrede; respeta a su discípulo, no duda, actúa con seguridad; sabe qué pedir y hasta dónde exigir; para resolver un problema utiliza la inteligencia y no la violencia; sus movimientos son suaves, no bruscos o agresivos; está atento a su alumno; sabe utilizar los refuerzos positivos y negativos; a medida que avanza el entrenamiento es más sutil en sus señales; el bocado lo utiliza con respeto, no para agredir a su montura, sino para emitir señales; igual uso hace de las espuelas; tiene paciencia, sabe esperar los tiempos que su discípulo necesita para un buen proceso de aprendizaje; sabe lo que hace y lo que puede pedirle a su caballo; no se irrita. Por todo esto y por mucho más, el líder tiene autoridad frente a su montura.

¿Qué no debe tener el líder? Demostrar prepotencia y arrogancia, condiciones que son propias del ignorante, que necesita engañar a sus subordinados para poder tener «autoridad».

El entrenador no debe aplastar la personalidad del caballo sino que debe incrementar los buenos hábitos y corregir los malos.

Quinto principio: disciplina

Para poder educar necesito generar un ambiente de disciplina. El orden es disciplina.

Los caballos en la naturaleza viven en manada y necesitan de ella para sobrevivir; así lo han hecho desde tiempos remotos.

La manada genera protección frente a los animales cazadores. Los caballos interactúan entre sí en un orden muy estricto. Todos los miembros de la manada lo aceptan y respetan. Existe un orden jerárquico: la yegua líder es quien ordena la manada, cuyos miembros la obedecen y ella a su vez impone disciplina a todos.

Cuando la yegua líder padece una incapacidad es sustituida por otra yegua, la segunda en el orden jerárquico, y así sucesivamente.

Un simple gesto de la yegua líder es suficiente para imponerse a todos los miembros de la manada.

Cuando trabajo con los caballos lo debo hacer como si yo fuera otro caballo, dado que no puedo cambiar su naturaleza. Para el caballo, la manada la integramos los dos; por lo tanto trabajaré como si yo fuera un caballo más.

Para que el animal me obedezca debe atenderme y para esto debo ganarme su respeto, su confianza.

Cuando intimido al caballo lo que hago es transmitirle que soy un depredador y que le puedo atacar; mi actitud prueba tal condición.

No debo asustar a los caballos ni generar un ámbito de desconfianza o temor, aunque sí debo moverme con firmeza. Tampoco debo caer en una falsa bondad.

La disciplina crea respeto. La corrección es conveniente en el modo, tiempo y forma que se ha indicado antes. Pero es mucho más eficaz y efectivo alentar al caballo, darle ánimo, que corregirlo.

Para generar un ámbito de disciplina primero debo disciplinarme yo.

LA ALIANZA | Adiestramiento del caballo basado en la confianza y el respeto

Desde hace millones de años los caballos viven de forma natural en manadas por ser esta la única manera de defenderse de los animales cazadores. Poseen un orden social jerárquico.

¿Cómo actúan los caballos?

Para aplicar la técnica es fundamental conocer la psicología del caballo y así realizar un correcto proceso de doma o adiestramiento.

Desde hace miles de años, los caballos viven naturalmente en manadas; para su subsistencia no necesitan trabajar pues la naturaleza les provee de todo lo necesario. En general son perezosos.

Es el hombre quien quiere disciplinarlos y obligarlos a trabajar. Para esto cuenta con dos caminos: uno, el método de la violencia, y el otro (que es el que quiero tratar en este libro), desarrollando una serie de recursos y herramientas que le permitan a través de «argumentos para caballos» incentivarlos a modificar su naturaleza original y adaptarse a nuestros requerimientos.

Un buen jinete es una persona que sabe cómo actúa su caballo; estos animales son mucho más inteligentes de lo que las personas habitualmente creen y entienden y aprenden por repetición. Con igual facilidad adquieren tanto los buenos como los malos hábitos y por eso es importante adiestrarlos en la adquisición de hábitos buenos, pues las malas costumbres son difíciles de erradicar.

Si lo trato con rudeza, el animal se hará arisco y temeroso; si actúo, en cambio, suave y tranquilamente pero con firmeza, el caballo estará más receptivo a mis órdenes. Por ejemplo, si lo maltrato en la boca, él reconocerá como una amenaza la señal que le doy con el freno, preparándose para lo peor. Automáticamente, se pondrá tenso y se resistirá al freno.

La que impone riguroso orden en la manada es una yegua adulta, que es la que manda y da órdenes al grupo.

En cambio, el caballo que ha sido enseñado con respeto y delicadeza estará probablemente relajado, su nuca estará flexible y con una actitud dispuesta para la próxima maniobra. Esta es la clave en el adiestramiento de un caballo de rienda.

Durante el proceso de doma es importante que el caballo no se asuste; busco ganarme su confianza y por eso lo debo tratar con paciencia y respeto. Esto facilita que el caballo al que quiero enseñar esté receptivo a una serie de maniobras, algunas básicas y otras más complejas. Muchas de ellas no son naturales y le resultarán difíciles de aprender; es por ello que debo comenzar por las más sencillas, fijándolas mediante un proceso de repetición sucesiva.

Inicialmente la capacidad de aprendizaje y la duración del trabajo será menor e irá aumentando a medida que avance el proceso de adiestramiento. Es necesario e importante equilibrar la intensidad y el tiempo de trabajo sin llegar a situaciones límite que provoquen agotamiento.

Debo ser paciente y respetuoso, teniendo en cuenta que cada animal es diferente, tiene su tiempo, sus aptitudes, su capacidad de aprender, etc.

Al caballo le pediré que realice algo que generalmente no es natural para él. Le daré la oportunidad de elegir libremente y de que coopere voluntariamente conmigo. Nunca exigiré.

Bartolomé Carlos Minetti

El lenguaje del caballo

La relación entre el jinete y el caballo se consolidará con la comunicación que se desarrolle durante el proceso de doma. Dicha comunicación depende del «lenguaje» que de forma natural posee el caballo y del que el jinete le enseñe al animal durante la etapa inicial. Con el transcurrir del tiempo la comunicación entre el jinete y el caballo será cada vez más fluida.

El caballo se expresa a través de su lenguaje y debo esforzarme en interpretarlo correctamente mediante una atenta observación. Los animales poseen un modo de expresión que consiste en emitir sonidos y otras señales. Así, por ejemplo, para saber si un caballo me está atendiendo, nada mejor que observar la orientación de sus orejas y de los ojos; a donde estos se dirijan allí estará puesta su atención. Si las orejas, en cambio, están orientadas con fuerza hacia atrás eso indica, como hemos visto, la disconformidad del animal con alguna situación que le resulta enojosa.

En el caso de que el caballo quiera realizar una acción agresiva lo advertirá previamente. Observando las señales que exterioriza puedo anticipar la acción y tomar las debidas precauciones.

Los caballos también emiten sonidos, por ejemplo, para dar la bienvenida a otros ejemplares de la misma manada y, frotan con su hocico el de otros, manifestando así su conformidad, o pueden reaccionar agresivamente —con mordiscos y patadas— cuando se incorpora un caballo de distinta manada.

Cuando el animal está en la cuadra y llega el momento de comer, realiza determinados gestos para captar la atención de quien lo cuida: golpea la puerta del *box*, relincha cuando llega la persona que le dará la ración, se mueve como queriendo escapar del encierro...

El lenguaje de una yegua con su potrillo es más amplio. Observarlo permite descubrir la riqueza del lenguaje de sonidos y signos que poseen los caballos.

A medida que vaya interpretando el lenguaje comprenderé el comportamiento de los caballos y descubriré que no se puede generalizar a partir del comportamiento individual de algunos. Por ejemplo, hay cosas que a ciertos caballos les molestan y que a otros les resultan indiferentes; los gustos de algunos caballos son tan diferentes como su estructura física.

El potrillo trata de introducirse en la manada y la yegua líder se lo impide con un gesto amenazante. A su vez el potrillo le está contestando con una señal negociadora: mueve la boca realizando una señal que dice «soy pequeño, déjenme que me incorpore nuevamente a la manada».

Una yegua vuelve a la manada y es recibida por otra. Ambas se olfatean: este es el saludo de bienvenida que mutuamente se realizan.

Es importante estudiar las reacciones de los caballos hacia nosotros y hacia nuestras acciones para poder comunicarnos correctamente con ellos.

Monty Roberts, a través del estudio del comportamiento de los caballos salvajes, descubrió que los caballos se comunican mediante el lenguaje que él denominó «equus». Con este lenguaje los caballos se comunican fluidamente.

Si lo practico y utilizo tendré una herramienta muy importante para el trabajo de entrenamiento. Lograré así una relación de confianza y seguridad. El caballo aceptará unirse voluntariamente a mí, su entrenador.

Ante todo debo evitar utilizar el dolor como recurso disciplinario; como el caballo es un animal de huida, si lo castigo buscará escapar.

Los caballos necesitan vivir de forma ordenada, en manadas, por ser esta la única manera de que disponen para defenderse de los animales cazadores. Además necesitan de un orden social. Como ya he comentado, la que impone riguroso orden es una yegua adulta, que es la que manda y se dedica a dar órdenes al grupo. Por ejemplo, para dar el aviso de huida, inicia el movimiento y los demás la siguen; si ella se para, los demás la imitan. Es la que lidera el grupo, la más experimentada.

Nos cuenta Monty Roberts que en una ocasión pudo presenciar que un potro de unos veinte meses de edad agredía a otros miembros de la manada. La yegua líder, que observaba muy atentamente lo que sucedía, se acercó a todo galope a él y con furia castigó al rebelde y lo expulsó a unos 300 metros de la manada. Luego se colocó a un extremo del grupo para asegurarse de que el potro apartado no regresase. Esto representa un grave castigo para un animal como el caballo, porque al estar solo es presa fácil de los depredadores. El rebelde se sentía aterrorizado de estar apartado; esto era prácticamente una sentencia de muerte para él.

El potro trató de introducirse en la manada por distintos lugares pero la yegua líder continuó impidiéndoselo con furia. El cuerpo de la yegua se mantuvo perpendicular al potro mientras lo miraba de forma penetrante. Seguidamente, el potro comenzó a mascar y lamer, aún cuando no había comido nada. Luego insistió en su actitud negociadora frente a la yegua y, bajando la cabeza con gesto de reverencia, expresó su actitud de sumisión. Trataba de probar que no era una amenaza o peligro para los demás integrantes de la manada.

Finalmente, la yegua líder abandonó su posición perpendicular y los gestos de ata-

Una yegua extraña quiere incorporarse a la manada y es excluida por otra que, emitiendo señales de rechazo con su mirada y la posición de sus orejas, le indica su deseo de excluirla.

que hacia el potro, modificó su expresión y comenzó a acariciar suavemente al potro en el cuello y en la grupa, prestándole todo tipo de atenciones. Luego le permitió volver a la manada.

Este ejemplo contiene un rico lenguaje de comunicación mediante gestos. Como vemos, los caballos no utilizan el sonido como medio de comunicación, pues sería peligroso para ellos ya que serían fácilmente descubiertos por los depredadores.

A partir de esta experiencia Monty Roberts desarrolló el lenguaje equus, muy útil para el adiestramiento del caballo.

Como he señalado antes, el caballo también se expresa mediante la tensión y el movimiento de su cola. La cola del caballo es la continuación de la columna vertebral; cuando el animal tiene tensión en el lomo se la transmite a la columna vertebral y esta a la cola, que es su continuación. Cuando el caballo se enoja levanta la cola; con esta acción expresa su disconformidad o que está asustado; debo interpretarlo como una señal de advertencia. Si se trata un caballo que se encuentra al inicio de la doma es muy probable que se descontrole o corcove. Para evitar que esto suceda, debo tranquilizarlo antes de montarlo. Por ejemplo, puedo trabajarlo previamente a la cuerda hasta que retome la calma. Cuando el caballo está tranquilo, la cola no tiene tensión y se mueve en forma ondulada; esto es señal de tranquilidad.

La piel también manifiesta señales, moviéndose como expresión de dolor o disconformidad. Por ejemplo, un caballo que está lastimado cuando intentamos curarlo o tocamos alguna parte de su cuerpo que está dolorida mueve la piel en señal de dolor. Con la contracción de la piel el caballo quiere expresar que esa situación le está causando algún daño.

Esto es un ejemplo de como el caballo posee un lenguaje que en la práctica es muy amplio y variado, y que aplica a su relación con otros caballos. Los caballos que están en contacto con el hombre van desarrollando una infinidad de señales que expresan su estado de ánimo o sus necesidades.

Ahora me ocuparé de la comunicación en sentido inverso: el lenguaje del hombre en relación a los caballos.

Cuando introduzco un caballo salvaje
en el corral redondo pondrá en marcha
su mecanismo de defensa y huirá.
Después de haber salido disparado
aproximadamente unos quinientos metros
tratará de negociar con su perseguidor pues de
continuar huyendo agotaría sus reservas;
el caballo sabe que agotadas sus energías es fácil
presa de los depredadores. Buscará entonces
un acuerdo con el entrenador.

El lenguaje del entrenador

No debo olvidar que cualquier gesto por mi parte, movimiento, indicación con la voz, etc. es percibida por los caballos como una «señal». Por lo tanto el mal uso de los gestos o su exceso resulta confuso y contraproducente.

Conforme a lo expresado en el punto anterior y siguiendo a mi gran maestro Monty Roberts, utilizaré el lenguaje equus para comunicarme con el caballo.

En primer lugar introduciré al caballo en el corral redondo, me situaré en el centro del mismo y fijaré mis ojos directamente en los suyos. Así continúo asumiendo una actitud propia de un depredador. Luego, me ubicaré en un ángulo de noventa grados con respecto al animal y lo presionaré fuertemente, sin aplicar violencia, invitándolo a que huya. Los caballos tienen la actitud de huir y lo hacen aproximadamente hasta llegar a unos 500 metros. Recorrida esta distancia, piden una tregua y sienten la necesidad de negociar con el perseguidor, dado que si continuaran huyendo sus energías se agotarían. El caballo es un animal cuya única defensa es huir; agotadas sus energías es presa segura de los animales cazadores.

Mantengo la presión y presto atención a los gestos negociadores que el caballo comenzará a realizar.

El primer gesto que manifestará será apuntarme con su oreja interior; esto expresa su deseo de respetarme.

El segundo será acercarse poco a poco hacia el lugar en donde me encuentro; esto es señal de que quiere generar una relación de amistad y alianza.

A continuación hará el tercer gesto: comenzará a lamer y a mascar, lo que implica un cambio en la relación; ahora ya no me teme y sabe que no lo dañaré. Comienza a confiar en que llegaremos a un acuerdo razonable para los dos.

El cuarto gesto y el fundamental es cuando el caballo baja la cabeza y prácticamente toca el suelo con el hocico, con movimientos arriba y abajo (como si rebotara), señal similar a una reverencia (gesto que hace una persona de un nivel inferior a otra de mayor grado). En el lenguaje equus significa que acepta mi liderazgo y está dispuesto a respetarme y obedecerme.

Tan pronto como haya realizado estos cuatro gestos, aparto mis ojos, que permanecían fijos en los del caballo, y comienzo a fijarme en sus patas.

Giro y cambio el ángulo de mi posición, poniendo mis hombros casi paralelos a la columna vertebral del caballo; esta actitud implica quitarle la presión.

Ya no soy un depredador. Tiendo mi mano para comenzar una alianza. Siempre le doy al caballo la posibilidad de elegir entre seguir huyendo o que se asocie conmigo. Me mantengo quieto y espero. Él se acercará en un gesto de complacencia y aceptación de la amistad que le ofrezco, me tocará con su hocico y se quedará a mi lado. Lo acaricio en la frente y en las zonas abdominales; si me lo permite es que me acepta y deja de considerarme un depredador. Luego me retiro para demostrarle que no soy un cazador, dado que los cazadores cuando alcanzan a la presa jamás se retiran.

A partir de este momento se ha producido lo que Monty Roberts llama «*join-up*» o «la unión», vínculo que persiste indefinidamente.

Comienzo a caminar y el caballo me seguirá; si estoy en un lugar en donde hay pasto comerá tranquilamente; esto es signo de que el caballo está tranquilo a mi lado y que desea que no lo deje (los caballos no comen cuando están intranquilos).

Nuevamente trato de acariciar al caballo de manera tal que le dé confianza y tranquilidad, luego me alejo. Esto es parte del lenguaje que utilizaré en el futuro —alejarme y acercarme—, presionar y liberar la presión.

Asumo la actitud de un cazador; para esto dirijo la mirada a los ojos del caballo insinuando que soy un depredador.

Todo esto que nos enseña Monty Roberts es un lenguaje muy preciso.

La alianza es una herramienta que actúa como un fino cincel con el que puedo esculpir un ambiente estable que permite la comunicación. Esto implica que los movimientos que debo hacer deben ser muy precisos y ordenados. En caso contrario, si me muevo desordenadamente transmitiré un mensaje desconcertante para el animal; el caballo intentará comprender las señales, pero, al no entenderlas —por poco claras o contradictorias—, abandonará todo intento de comunicación. A partir de ese momento los caminos se separarán: el animal no entenderá ni atenderá a las señales y el jinete se verá obligado a utilizar medios físicos más o menos severos para hacerse entender.

Si realmente quiero que el caballo capte una señal debo tener en cuenta que absolutamente todos y cada uno de los movimientos que realizo en su presencia transmiten información. Para impartir órdenes debo utilizar un lenguaje simple y constante de sonidos y signos.

El lenguaje anteriormente descrito se refiere a los gestos que utilizaré para comunicarme; ahora veré cómo puedo complementar este lenguaje con la voz.

Cuando utilizo la voz, el sonido debe ser siempre el mismo: para definir el aire le diré al caballo, «paso», «trote» o «galope»; si quiero frenar, diré *«whoo»*; si deseo disminuir la velocidad, por ejemplo en el galope, diré *«isi»*; si me interesa cambiar el aire del trote al galope, debo expresarme con mayor energía; si lo que quiero es disminuir la velocidad, bajaré la presión que ejerzo…

La voz humana es capaz de comunicar tranquilidad al animal, infundir ánimos, transmitir reconocimiento y premio ante las acciones desempeñadas correctamente, etcétera. Lo importante del mensaje que emito no son las palabras sino el tono de mi voz.

«Señales» son —según he explicado— no solamente las expresiones verbales, sino también las que produzco con el cuerpo y las que transmito con las riendas, el peso de mi cuerpo, la posición de los pies y la

La yegua realiza el primer gesto: apunta su oreja hacia el entrenador, lo que quiere decir que lo respeta.

presión de las piernas. Son también señales levantar la fusta, si trabajamos pie a tierra, tocarlo con la espuela o el talón si vamos montados, o simplemente acercar el pie a la zona de presión sin necesidad de contacto.

Las señales ejercen una «presión» sobre el animal; debo procurar no aplicarlas más de una a la vez y darle tiempo a que él las capte. Si el caballo se acostumbra a que se le repita muchas veces una misma señal no responderá a la primera indicación porque se habrá acostumbrado a que a cada señal le sigan otras. Así acabará por no responder a las señales sutiles.

Por ejemplo, si estoy trabajando en el picadero y quiero que el caballo pase del paso al trote, la señal será levantar ligeramente la fusta y luego reforzarla con una orden verbal. Al poco tiempo los caballos aprenden a trotar cuando se levanta la fusta y luego a la orden verbal. Es más importante reforzar la señal (subir su intensidad) que insistir en una señal que no se obedeció. Si el caballo obedece, hay que elogiarlo inmediatamente con palabras amables. En el próximo intento no será necesario utilizar la señal reforzada.

Es importante recordar que siempre debo empezar con una señal moderada y, si es necesario, reforzarla luego.

Una manera de incrementar la orden es talonear reiteradamente de forma firme y sorpresiva detrás de la cincha. Si se trabaja con este método el animal se acostumbra a obedecer de inmediato la orden impartida.

Conviene ser cautos en el uso de las señales: el exceso de las mismas resulta contraproducente; cuando el caballo ejecute correctamente algún movimiento que le pido, no solamente debo liberarlo de la presión sino, además, marcar un espacio de tiempo que le permita entender lo que ha hecho y el premio que recibe.

La «presión» a la que me refiero consiste en acercar el talón a una zona determinada del animal o un simple movimiento de la rienda que toque el cuello del caballo o que simplemente la tense. Siempre debo empezar con la menor presión posible para ir aumentándola en la medida en que lo

La yegua realiza el tercer gesto: comienza a lamer y mascar, lo que quiere decir que no me teme y sabe que no la voy a dañar. Empieza a confiar en que vamos a llegar a un acuerdo.
Baja la cabeza hasta tocar prácticamente el suelo, con el hocico, hace un movimiento arriba y abajo, una señal similar a una reverencia.

considero necesario y, a la inversa, disminuyendo en la medida en que no sea indispensable. No debo presionar en exceso, pues lo insensibilizaré; siempre debo preservar la sensibilidad del caballo.

La regla de oro en la emisión de señales con las riendas es que el jinete debe ser suave cuando ejerce presión con ellas; en caso contrario hará que el caballo se haga resistente en la boca a la acción de las mismas.

Muchas personas creen que los caballos responden naturalmente a la presión de las riendas o a la presión en general para que frenen o tuerzan o realicen todo tipo de maniobras. Por el contrario, los caballos que no han sido entrenados no actúan de esa manera; por naturaleza tienden a apoyarse en el lugar en el que se los presiona actuando en contra de la presión. La razón de este comportamiento innato es que cuando son atacados por los depredadores, para sufrir menos daños les conviene apoyarse en la zona en la que son mordidos por sus atacantes; si van en sentido contrario a la presión quedan expuestos a recibir heridas mayores. Lo que pretendo enseñarle al caballo es que se libere de la presión que le ejerzo desplazándose en el sentido contrario a la misma.

Somos los jinetes quienes los adiestramos a ellos para que respondan a la presión que ejercemos sobre ellos para conseguir controlarlos. Por tal motivo, el adiestramiento es un proceso lento y continuo de enseñanza y aprendizaje. Muchas veces los jinetes somos maestros y alumnos de nuestros propios caballos.

Lo expresado respecto a la presión y a la intensidad de la misma está directamente relacionado con la respuesta obediente del caballo que ha respondido a una señal. Como contrapartida, el jinete debe suspender toda presión y relajarse totalmente para premiar al animal por haber obedecido. Es lo que denomino «quitar presión».

La acción de suspender la presión hace que el caballo comprenda que lo que hizo fue lo solicitado. Muchos caballos aprenden rápidamente este lenguaje.

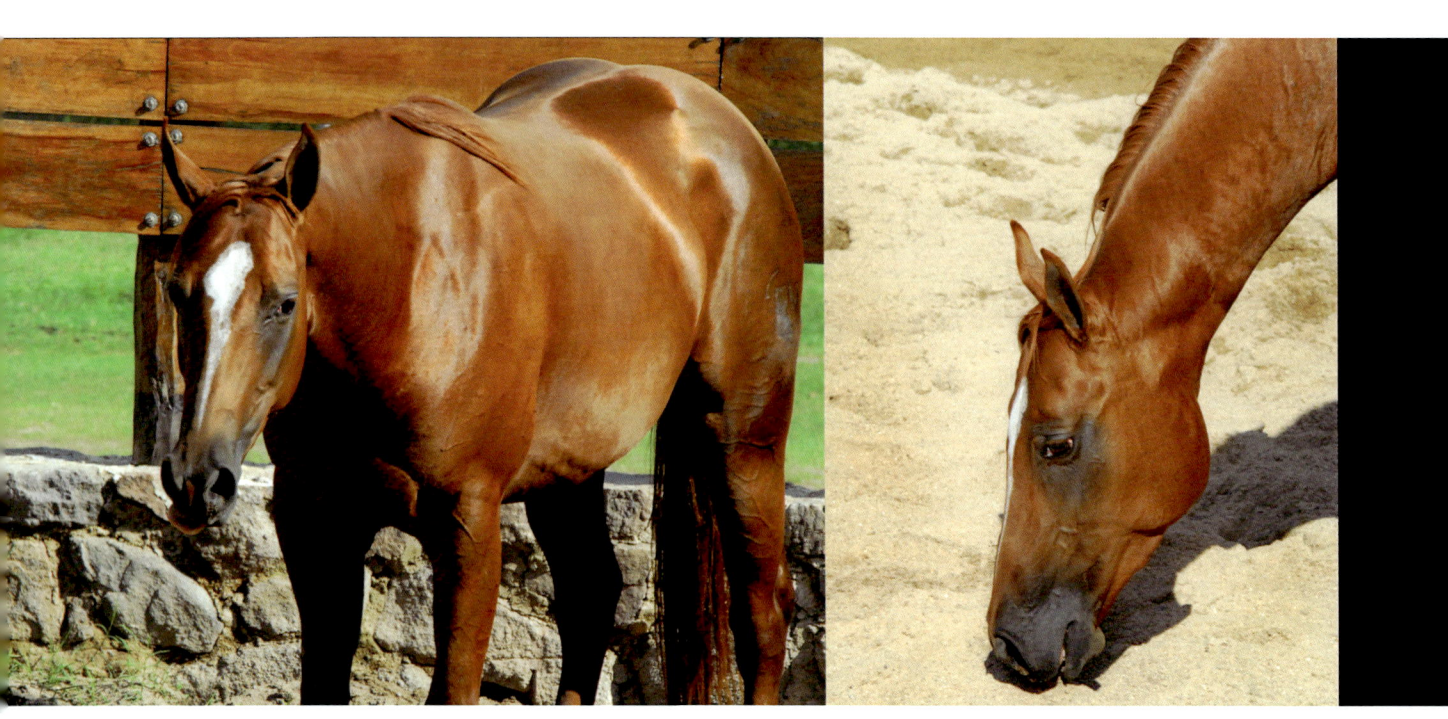

Excesiva presión o lentitud para liberarlo lo insensibiliza. La rapidez del jinete en liberar al caballo de la presión logrará en él igual hábito de respuesta.

El caballo aprende cuando lo libero de la presión y no cuando lo presiono. Es inherente a su naturaleza buscar liberarse de la presión que ejerzo sobre él.

En síntesis, la regla de oro en el entrenamiento es que la rapidez con la que el jinete reaccione —quitando la presión— ante la correcta respuesta a la orden impartida al caballo determinará la velocidad en el progreso del adiestramiento, la receptividad y la sensibilidad del mismo a mis órdenes.

Si quiero reunir al caballo tensaré las riendas y presionaré con los talones detrás de la cincha. La presión no debe ser constante: tan pronto como haya respondido el animal, dejaré de presionarlo para después hacerlo nuevamente.

Debo procurar que la señal sea cada vez más clara y más precisa. Cuando el caballo responde a lo que se le indica, disminuiré paulatinamente la intensidad de la señal hasta que esta sea imperceptible. Es importante tener en cuenta que solo debo emitir una señal por vez y no dar señales simultáneas.

Tiendo mi mano para comenzar una alianza.

*El caballo que ha manifestado su voluntad
de aliarse me sigue a donde yo vaya.
Lo recompenso aplicando un refuerzo positivo
—le doy la libertad y lo reintegro a la manada—.
El refuerzo positivo resulta de aplicar
un estímulo agradable en el momento en que
se produce un comportamiento positivo.
La libertad es la mayor de las recompensas
que podemos darle al caballo.*

Refuerzos positivos y negativos

En el entrenamiento del caballo, debo tratar de que este acepte lo que le pido hacer y que responda voluntariamente. Con la violencia nunca conseguiré que el caballo me obedezca.

El caballo tiene la libertad de elegir a cada solicitud que el jinete realice. Si la ejecuta correctamente, entonces lo recompenso; así el animal aprende a obedecer. No es necesario que la recompensa sea muy importante; podrá consistir simplemente en permitirle hacer algo que desee o satisfacerlo con algo que le gusta. Si utilizo lo que llamo refuerzos positivos (aplicar un estímulo agradable en el momento en que se produce un comportamiento positivo), conseguiré reforzar ese comportamiento.

Así, por ejemplo, como en general el caballo quiere agradar al jinete, intentará repetir la acción que conduce a esa recompensa: si realiza bien un ejercicio determinado, al concluirlo le quito presión y le dejo descansar unos minutos. O bien antes de terminar el trabajo le ordeno que realice un ejercicio específico; si lo hace bien, desmontaré y lo dejaré en libertad. El uso de la libertad como recompensa es algo muy estimado por los caballos, dado que en la naturaleza viven en libertad. De esta manera recuperan un valor que han perdido desde el momento en que pretendo disciplinarlos. Mediante este sistema el caballo desarrolla toda una conducta dirigida a agradar al jinete adquiriendo buenos hábitos.

El caballo comienza a diferenciar lo que está bien de lo que está mal; por tal razón, cuando ha trabajado bien no debo insistir en la maniobra; en caso contrario él interpretará el mensaje de forma equivocada.

En síntesis, cuento con los siguientes refuerzos positivos o recompensas: quitar la presión, descanso, libertad, afecto que puedo transmitirle, etcétera.

En la escuela y en la familia también utilizamos el método de refuerzos positivos y negativos para educar y estimular.

La comida como recompensa no es de gran utilidad con los caballos; estos no son como los animales cazadores, que para sobrevivir y proveerse de alimento deben cazar; en tal caso recompensar con comida es beneficioso. Los caballos, en cambio, cuando viven de forma natural están acostumbrados a tener comida a su alrededor y por tal motivo no consideran esto como una recompensa. Aprecian más un gesto de cariño o alabanza. Sin embargo, en el caso de un caballo que tenga hambre, la comida puede servir como elemento de persuasión, o cuando quiero que no se distraiga o permanezca tranquilo (en caso de realizarle un tratamiento veterinario, herrarlo, cargarlo en un tráiler o trasporte, etc.)

Por otra parte, cuando necesito que el caballo realice una determinada acción, emito una señal, ejerzo presión, ya sea con la rienda o con mis piernas o verbalmente, etc. Si responde a mi petición retiro la presión, no solo como recompensa, sino también para hacerle saber que ha respondido correctamente. En este caso estoy hablando de reforzar una respuesta eliminando un estímulo negativo; este no debe confundirse nunca con algo desagradable o cruel.

Cuando presiono al caballo para que obedezca estoy utilizando un estímulo negativo; cuando obedece dejo de presionar y aplico así un estímulo positivo.

Otro ejemplo de estas situaciones es incrementar la intensidad del trabajo. A medida que avanza el adiestramiento del caballo, este comienza a comprender que si colabora y realiza correctamente lo que le pido trabajará menos. Asimismo, debo disminuir la intensidad del trabajo cuando colabora; en caso contrario comenzará a no creer en el jinete.

Como el caballo ha trabajado bien aplico un refuerzo positivo: lo acaricio como expresión de cariño y recompensa. Otra forma de recompensarlo es interrumpiendo el trabajo y dejándole descansar. También, cuando le digo «bien», el caballo comienza a entender que ha trabajado correctamente, lo que hace que se estimule y su autoestima aumente.

Mi actitud tiene que ser firme cuando necesito corregirlo o marcar claramente los límites a la hora de impulsarlo a que ejecute disciplinadamente los ejercicios o acciones pertinentes; pero esto será excepcional y nunca implicará la utilización de un castigo.

Es importante observar si el caballo está en condiciones de hacer lo que le indico si pretendo que me obedezca. Por ejemplo, si le pido que ejecute una determinada orden —saltar, realizar un giro, cambiar la mano, etc.— y no lo hace porque no está en condiciones o no tiene capacidad para hacerlo, lo que estoy en definitiva enseñándole es a desobedecer, al no estar capacitado para cumplir la orden (o el jinete para hacerla cumplir). Así el caballo comienza a descubrir que si no obedece puede dejar de llevar a cabo una serie de obligaciones que le corresponderían. Por este camino comienza la desobediencia y lo que consigo con el tiempo es un animal rebelde. Lo mismo pasa si le pido algo y por cualquier circunstancia desisto de lo que le solicité.

La orden debe ser clara y precisa para que el animal no dude de lo que debe hacer, porque la duda hace que comience a descubrir que existe la posibilidad de no obedecer. Mi mensaje debe ser tan claro que no admita posibilidad a la desobediencia. Además, debe ser «adecuado» a lo que el caballo sabe o puede hacer, y proporcionar todos los medios razonables para que lo haga; de esta forma será el jinete quien conduzca la tarea y el animal adquirirá el hábito de obedecer.

Si el caballo no responde a una señal porque no comprende la orden, no debo castigarlo. En esta situación, y en virtud de lo expresado, debo buscar la manera de que entienda lo que le pido; si es necesario hay que bajar un nivel y comenzar nuevamente con ejercicios más simples para luego subir el nivel. Si observo que hay falta de colaboración o voluntad debo ser firme.

El castigo implica dolor y la desventaja de utilizarlo es que el dolor siempre causa miedo al animal, lo cual obstaculiza el aprendizaje y genera resentimiento. El castigo no incrementa el conocimiento y la capacidad de aprendizaje; lo que enseña el dolor es cómo poder evitarlo y el caballo trabajará lo justo para eludirlo.

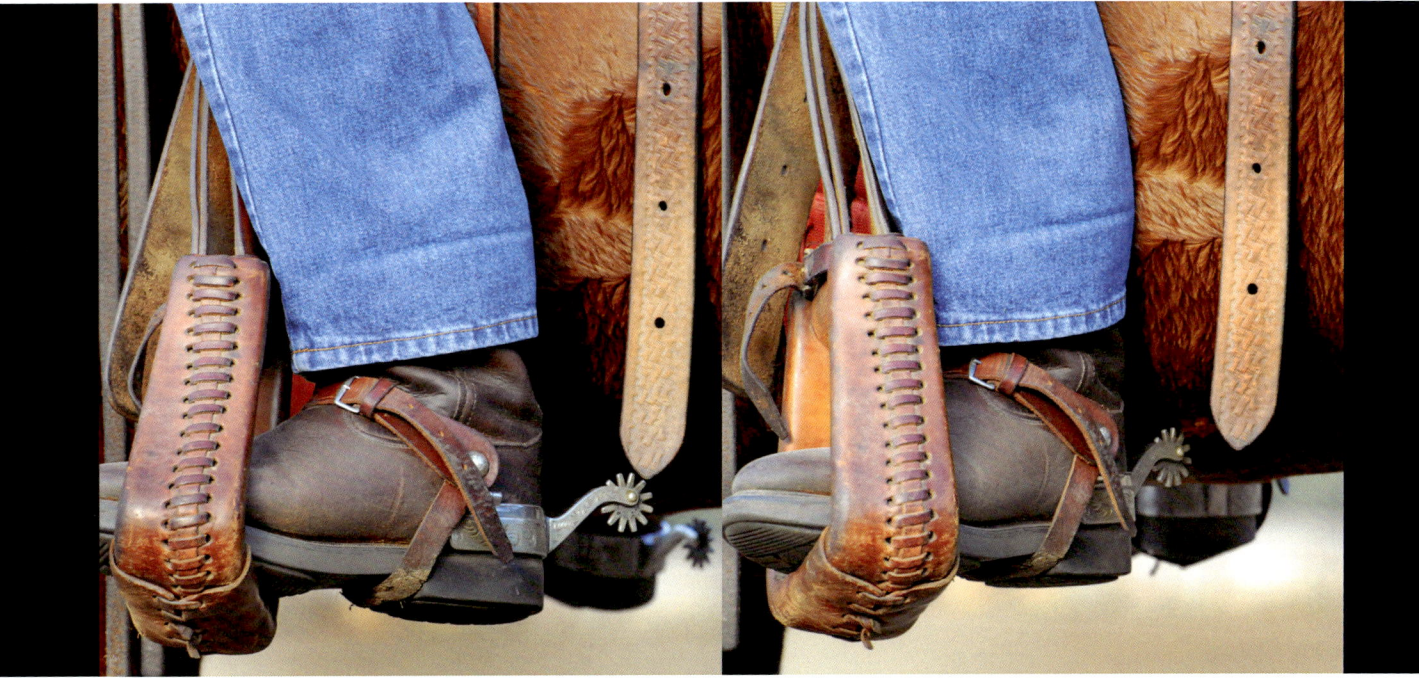

El castigo motiva a que el caballo desarrolle un mecanismo para aprovechar cualquier distracción del jinete para salirse con la suya, llegando en algunos casos a atacarlo. Esto es causa de graves accidentes.

Le impondré una penalidad únicamente si se rebela y según la magnitud del hecho le aplicaré la sanción (que podrá ser realizar algunos ejercicios con mayor exigencia). Si el caballo es tratado con respeto no intentará rebelarse.

El castigo violento solo me permite obtener del caballo un comportamiento timorato y desconfiado, logrando un retroceso en el proceso de doma. Incrementando constantemente la violencia provocaré una espiral de ascenso indefinida que influirá en forma negativa en el adiestramiento.

Debo pedirle pero no exigirle.

Otra de las desventajas del entrenamiento basado en el método del castigo (teniendo en cuenta que el caballo es un animal muy inteligente) es que el caballo realizará solo lo suficiente para evitar el castigo y nada más. Mientras que si utilizo el método de refuerzos positivos (de aprobación y recompensas) el animal hará más esfuerzo para merecerlos.

De igual manera es importante que, cuando se le penalice o recompense, el caballo se dé cuenta de por qué le corresponde una u otra cosa. Este hecho, evidente por sí mismo en apariencia, no es a menudo reconocido en la práctica. Por ejemplo: si un caballo tira a su jinete y galopa libremente se sentirá recompensado (por esta libertad de poder hacer lo que desea). Si cuando lo agarro lo castigo interpretará que lo sanciono por haberse escapado y no por haber tirado al jinete.

Es por eso que debo entender la psicología del caballo para saber manejarme con los estímulos positivos y las sanciones.

A veces —muy excepcionalmente— es necesario corregir con firmeza y rigor las rebeldías o descontroles del animal. En tales casos aplicaré la corrección inmediatamente y de forma proporcionada a la gravedad de la falta cometida; tras la corrección lo acariciaré para demostrarle que continuamos siendo amigos y que confío en él.

Tengo tres puntos en donde presiono con las espuelas: punto 1, inmediatamente detrás de la cincha; punto 2, en el medio entre el punto 1 y 3; y punto 3, en el abdomen, lo más atrás posible. En el punto 1 actúo sobre la parte de delante del caballo. En el punto 2 presiono las costillas. Y en el punto 3, las caderas del caballo.

LA ALIANZA | Adiestramiento del caballo basado en la confianza y el respeto

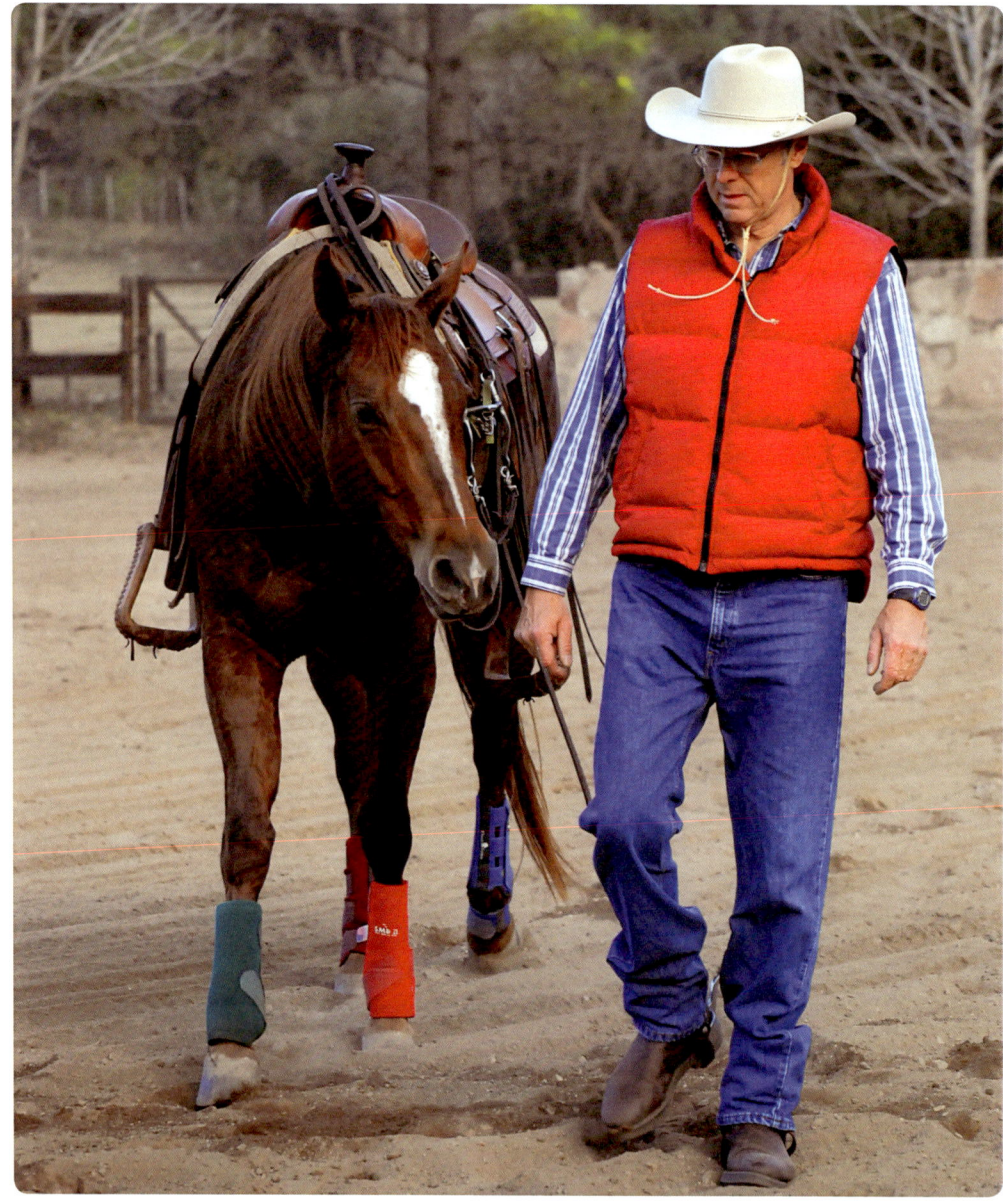

Al final de un periodo de trabajo, desmonto, aflojo la cincha, quito el freno y desensillo al caballo como recompensa a su buen desempeño. La yegua tiene puesta su atención y mirada en el entrenador, y camina a su lado transmitiendo tranquilidad, relajación, y confianza en quien la entrena.

Es importante saber que el caballo olvida rápidamente las cosas aprendidas con objetivos positivos, de modo que es necesario recompensarlo periódicamente para que las recuerde.

El aprendizaje mediante el castigo y/o la violencia (que genera al caballo miedo al dolor y pánico) perdura mucho tiempo y él no lo olvida con facilidad. En esta situación será muy difícil conseguir un caballo seguro de sí mismo e irá perdiendo su autoestima, con todo lo que ello implica. Por eso en el proceso de doma es importante evitar cualquier circunstancia negativa, porque en el futuro influirá en la conducta del caballo de forma muy marcada.

No es buen jinete el que doma un caballo imponiéndose por la fuerza. Este sistema lo aguantan pocos animales; la mayoría se lesiona antes de alcanzar su plenitud deportiva o presenta toda clase de problemas y su carácter se torna difícil e intratable.

El buen jinete es el que sabe sacar lo mejor de cada caballo según su carácter y su físico, educándolo al mismo para que pueda desarrollar todo su potencial.

El objetivo es lograr que el caballo obedezca de buen grado, y esto lo hará cuando no perciba al jinete como una amenaza que lo está forzando, sino por el contrario, cuando el contacto con el que lo monta le proporcione seguridad, apoyo y protección.

Si la acción del jinete provoca en el caballo incertidumbre o temor, deberé reducir el nivel de exigencia para evitar forzarlo. El caballo tiene una excelente memoria y no olvida las experiencias negativas.

Cuando un jinete pretende imponerse a su caballo por la fuerza y no lo consigue, solo obtendrá que el animal desarrolle los mecanismos innatos de defensa propios de una especie cuya psicología está preparada para huir del peligro. De esta manera, poniéndose en marcha el instinto de huida y luego el de defensa, el caballo no obedecerá a las órdenes del jinete y este perderá el control sobre su montura.

Necesito que el caballo tenga entusiasmo y coopere para poder desarrollar cualquier actividad deportiva. La enseñanza y la gimnasia deben estar orientadas a mejorar las condiciones físicas y psíquicas del caballo y no a deteriorarlas. Con esto conseguiré movimientos armónicos, mejorando los aires naturales y la disciplina en el trabajo.

A medida que el caballo entiende el contenido y el valor de los refuerzos positivos comienza a desarrollar una actitud de espera y deseo de tales recompensas.

Por ejemplo, si inicio un caballo en la doma, lo suelto en un corral y luego le proporciono agua y comida, y en esta situación lo acaricio demostrándole afecto, se acercará al principio a por la comida, pero luego buscará nuestra compañía y afecto. En el futuro no necesitaré la comida y el agua para que el caballo se acerque y me siga; me estará esperando para recibir cariño.

En el proceso de entrenamiento, cuando lo trabajo y él ejecuta correctamente lo que le pido y lo acostumbro a recibir su recompensa, él comenzará a desarrollar toda una conducta tendente a satisfacerme.

Con el tiempo el caballo se acostumbrará a obedecerme a la más sutil señal, sin necesidad de utilizar los refuerzos.

Y viceversa; si cada vez que me acerco es para ponerle la cabezada, ensillarlo o trabajar, el caballo desarrollará una actitud de rechazo hacia mí y tratará de huir de mi presencia.

Después de un periodo prolongado de entrenamiento, debo proporcionarle una semana de descanso para su recuperación física y psíquica.

Los caballos necesitan una dieta equilibrada
para poder desarrollarse sin inconvenientes.
El exceso o la falta de comida provoca
serios trastornos en su desarrollo.
Los caballos comen si están tranquilos;
en caso contrario no lo hacen.
En general la comida
no es una recompensa para los caballos
porque están acostumbrados a tener alimento
a su alrededor; por tal motivo
no la consideran como una recompensa
dado que la naturaleza les provee
de lo necesario para su subsistencia.

Alimentación y manejo del caballo

Las necesidades de nutrición y manejo son distintas en cada caballo. La alimentación influye en el desarrollo del animal y en su capacidad de trabajo y aprendizaje. Una alimentación deficiente producirá un caballo mucho más perezoso y difícil de manejar, mientras que el exceso de alimentación y el trabajo rutinario pueden tornarlo extremadamente excitable. Es indispensable asegurarse de que la alimentación sea la correcta: cada caballo necesita un régimen adecuado.

Es importante la correcta cantidad de proteínas que le proporcionamos desde que nace y durante el periodo de aprendizaje, pues la carencia de estas implicará una disminución en su capacidad de aprender.

En cuanto a la relación del caballo con el hombre, el carácter y la habilidad de la persona que maneja al caballo pueden afectar seriamente a la aptitud del animal en el futuro. Una debilidad constante en el manejo del potrillo desde el nacimiento puede dar como resultado que a la madurez del caballo sea imposible dirigirlo, mientras que el exceso de severidad y brutalidad pueden aterrorizarlo hasta el punto de convertirlo en un animal mentalmente inestable. Es necesario un manejo firme pero suave.

Existen algunos métodos de doma con los cuales se somete al caballo a una falta de alimentación y a un manejo torpe; cuando después se lo alimenta correctamente y se pretende disciplinarlo resulta casi imposible.

También el trabajo rutinario y monótono transforma a un caballo activo en un individuo aburrido y malhumorado, y en ciertos casos puede arruinarlo totalmente.

Observemos pues que el manejo, la nutrición, la crianza y el tipo de trabajo que se han hecho del caballo son factores que influyen en su carácter psicológico.

En general los caballos tienen distintos niveles de «inteligencia» y se consigue mejorar la misma mediante el cruce de animales con niveles de inteligencia superiores así como también con el entrenamiento constante. El gran desafío es lograr que al caballo le guste lo que está haciendo, y asimismo conocer sus límites. Que sea nuestro amigo, que no nos tema pero que nos respete.

El trabajo en el corral redondo, cuando lo realizo desmontado, favorece la comunicación, dado que ambos podemos observarnos y relacionarnos al estar al mismo nivel. Es ahí donde descubro sus capacidades. Como su nivel de inteligencia, el grado de comunicación que tiene con quien lo entrena, la rapidez de entender el lenguaje y/o la orden, su concentración, la velocidad de aprendizaje, el grado de atención, su disposición para el trabajo, etc.

En sentido contrario, un potro que tiene mala comunicación con quien lo adiestra demuestra falta de inteligencia y me está anticipando que el trabajo de adiestramiento será duro y difícil. Por ejemplo, los caballos tercos, duros en comprender lo que se les pide, son desobedientes, dan la espalda al entrenador, son desconcentrados, etcétera, todo lo cual evidencia poca capacidad. Es conveniente no seleccionar como reproductores a animales con estas características pues se transmiten a su prole.

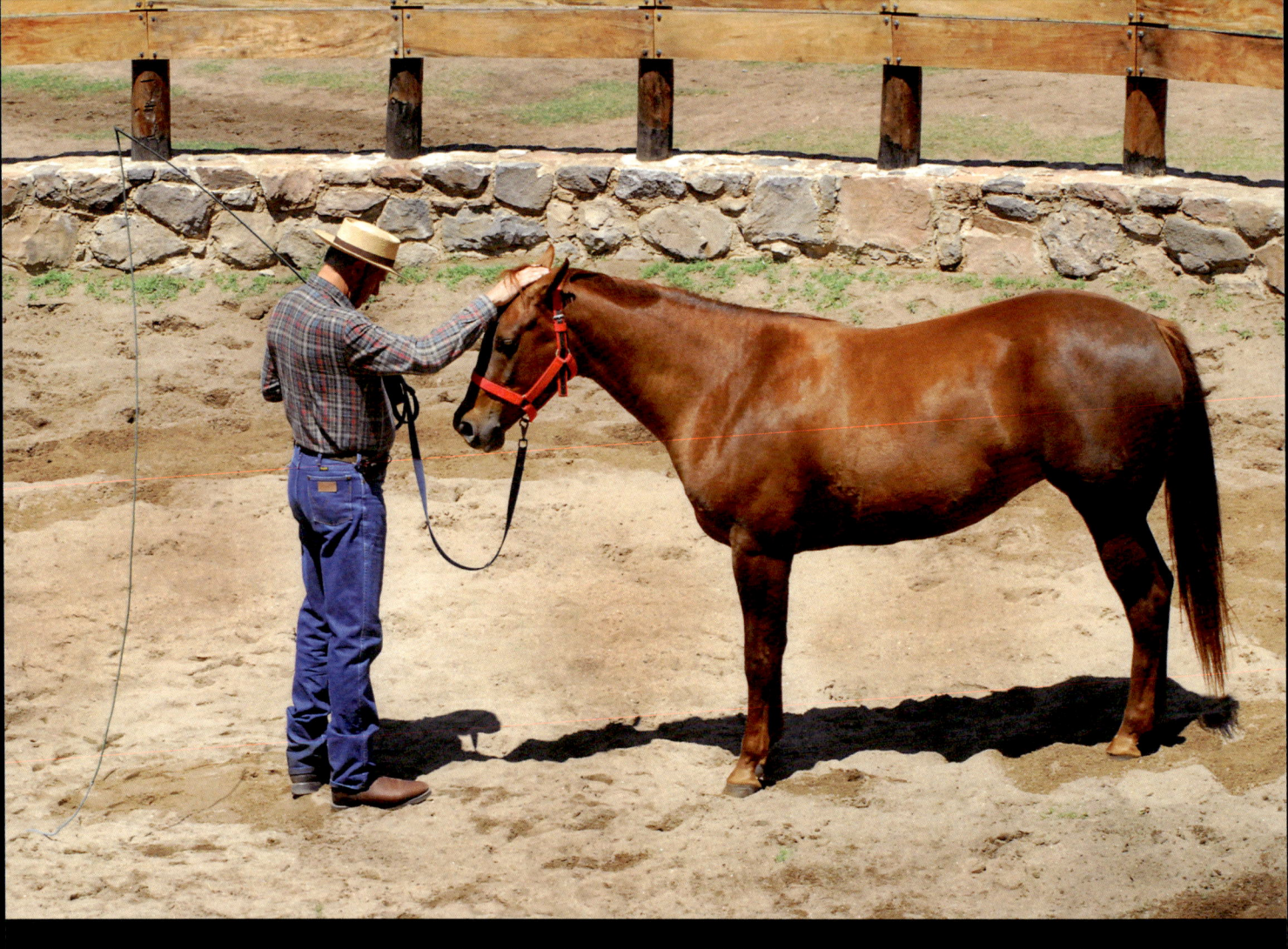

Cuando adiestramos el caballo lo hacemos alternando trabajo y descanso. El descanso y el cariño servirán para recompensarlo.

Impulsos naturales

Cuando comienzo la doma debo tener en cuenta que el caballo por naturaleza tiene una capacidad para galopar de hasta 500 metros aproximadamente. Recorrida esta distancia y antes de agotar sus reservas intenta negociar con su perseguidor. Es por este motivo que cuando lo inicio en la doma no debo trabajarlo de forma continuada hasta agotar sus energías y debo considerar estos límites en el momento de exigirle un esfuerzo.

Es importante alternar trabajo y descanso para que se recupere y luego continuar; utilizaré el descanso como una recompensa.

A medida que avanzo en el proceso de entrenamiento su capacidad de trabajo irá aumentando, acostumbrándose a realizar mayores esfuerzos, pero siempre debo darle pausas para el descanso.

Si me excedo en el trabajo exigiéndole esfuerzos desmedidos el caballo comenzará a estresarse y cada vez que inicie el trabajo tendrá conductas negativas (se negará a entrar al lugar de trabajo, se descontrolará, se tirará al suelo, etc.)

El caballo considera los diversos objetos y tareas relacionándolos con algo que ha hecho anteriormente. Por ejemplo, saltará diversos objetos y realizará sin dificultad una variedad de tareas si asimila cada una de ellas asociándolas con algo que haya hecho con anterioridad. La mayor parte del entrenamiento se basa en este método.

El caballo busca complacer al jinete; sin embargo tal intención puede entrar en conflicto con el miedo a lastimarse o el deseo de no gastar energías. Estos impulsos no siempre están equilibrados. Por ejemplo, si el deseo de complacer al jinete es débil y el miedo a lastimarse grande, el caballo no obedecerá la orden impartida y viceversa; si el deseo de complacer es grande y el miedo es menor, ejecutará la orden.

El deseo de complacer al jinete varía según la relación entre este y el caballo. Existen factores que aumentan o disminuyen la afinidad entre el binomio; incluso no siempre es igual el entendimiento que se alcanza entre un mismo jinete y su caballo. Hay caballos que solo aceptan que los monte un nivel experimentado de jinete.

*El trabajo de adiestramiento requiere del caballo esfuerzo y concentración.
A fin de conseguir que el caballo se relaje, termino el periodo de entrenamiento trabajando con ganado. Esta actividad le divierte y estimula el proceso de aprendizaje.*

Montando una potra de tres años que ha sido debidamente entrenada y responde a las señales del jinete sin necesidad de freno o embocadura. La potra está atenta a las órdenes que se le imparten.

Hay variables que inciden directamente en la actuación del caballo. Así, por ejemplo, en un caballo mal alimentado el deseo de conservar energías sobrepasará ampliamente el temor al castigo y eso dificultará la colaboración del animal con su jinete. Un caballo sobrealimentado y que no ha hecho suficiente ejercicio estará tan lleno de energías que realizará acciones independientemente de la voluntad del jinete. En este caso será necesario trabajarlo previamente a la cuerda para que libere energía y ponerlo en condiciones de colaborar con el jinete. Es esencial saber determinar la alimentación del caballo para que se encuentre suficientemente alimentado y con voluntad de colaborar en la tarea que necesito.

Debo tratar de que el caballo esté a gusto mientras lo adiestro, pero no a cualquier precio; permitirle hacer lo que él quiera, seguir su capricho o dejar que se descontrole si lo desea no sería bondad sino una forma de maltratar al animal, aún en el caso de que nazca de las mejores intenciones, ya que la excesiva indulgencia tiene como consecuencia la adquisición de vicios por parte del caballo. En algunas oportunidades la yegüada tiene comportamientos espontáneos que de convertirse en hábito pueden dificultar su adiestramiento. El jinete, por lo tanto, deberá estar siempre atento para impedir que determinadas conductas arraiguen y procurar que sean reemplazadas por otras que faciliten el manejo del animal.

Durante su vida el caballo adquiere un sinfín de hábitos; es importante conseguir fijar los buenos y eliminar los malos.

Un método con el que se consiguen buenos resultados en el adiestramiento del caballo es hacerle practicar determinados ejercicios, y cuando los ha realizado correctamente, premiarlo (el premio será muchas veces liberarlo de toda presión). O bien, cuando ha realizado correctamente algún ejercicio importante, desmontar y soltarlo; de ese modo el animal fijará la última acción y en el futuro tratará de repetirla de la misma manera para obtener el premio. Tanto el premio como, a la inversa, los refuerzos negativos, dependen del valor de la acción.

En este caso la yegua no ha trabajado diligentemente o se ha rebelado. Como corrección la obligo a realizar ejercicios de flexión con un alto nivel de esfuerzo; esto representa un refuerzo negativo. El mensaje que le quiero transmitir es que si no se compromete con el trabajo el nivel de exigencia será mayor; en cambio, si colabora, disminuirá el nivel de exigencia.

Si es necesario corregir al animal por no haber colaborado en la tarea de aprendizaje, se le puede obligar a realizar algún ejercicio con mayor intensidad pero nunca exigirle de manera tal que llegue a faltarle el aire. Someterlo hasta tal extremo puede causarle lesiones graves, incluso irrecuperables. La fatiga excesiva hace que determinadas partes del animal deban cumplir funciones que no les son propias; así, por ejemplo, el cansancio obliga a los tendones o ligamentos a adoptar funciones musculares para las que no están preparados. Los músculos agotados son reemplazados parcialmente por tendones o ligamentos, y estos, ante funciones que no les son propias se lesionan, pudiendo sufrir daños irreparables.

También influyen en el comportamiento de los caballos los impulsos sexuales, principalmente en las yeguas, cuyos ciclos condicionan su rendimiento. Hay casos de yeguas que cuidan a sus dueños con solicitud maternal, sean estos hombres o mujeres. Otras consideran a sus jóvenes dueños como potrillos maleducados.

Los labios del caballo están formados
por músculos que contienen gran cantidad
de nervios finales y pelos que transmiten
información al cerebro. Esta parte de su cuerpo
es muy sensible y debo ser cuidadoso para
no causarle daños que puedan resultar

El caballo y sus sentidos

El caballo necesita estimular los sentidos de la vista, el olfato, el oído, el gusto, y el tacto; si lo aíslo limitándole el uso de los mismos notaré que su carácter cambia rápidamente, se vuelve deprimido y pierde el apetito (disminuye notoriamente el consumo de alimentos). Cuando nuevamente le permito utilizar libremente los sentidos, se recupera velozmente. Esto es muy importante a tener en cuenta en el caso de que se le confine en un *box*.

Si encierro al caballo en un *box* durante más de un día, cuando lo suelte reaccionará ante toda clase de objetos, aún a aquellos que antes le eran familiares. Esto sugiere una necesidad de excitación y de miedo como estímulo, ya sea real o imaginario.

En general el caballo nunca está completamente quieto sino que se mueve constantemente (la oreja, la pata, la cola, etc.) y en su momento de descanso solo dormita (nunca está totalmente dormido). Cuanto mejor es el estado del caballo, mayor será su necesidad de movimiento.

Respecto de la vista del caballo conviene que me detenga un poco en el análisis de este sentido.

El caballo tiene un campo visual total cercano a los 360 grados. La retina está adaptada para la detección de movimientos. El equino tiene un débil poder de acomodación del cristalino y por ello posee una capacidad limitada de foco cercano. Hay conos en la retina, sugiriendo que pueden ver a color; pueden ver azules y rojos, pero podrían tener más problemas con los colores de mediana longitud de onda como el verde y el amarillo.

La mayor parte del ojo está compuesto precisamente por estos receptores del movimiento, un dispositivo extraordinariamente práctico para un animal de huida. Cada movimiento perceptible dentro del campo visual del caballo es registrado inmediatamente de forma refleja y provoca alarma.

En más de una oportunidad nos habrá ocurrido que ante un movimiento veloz captado con el «rabillo del ojo» reaccio-

La posición de los ojos permite al caballo tener un ángulo visual de 360 grados.

El oído del caballo es muy fino: percibe sonidos que para el hombre resultan imperceptibles. Por ejemplo, el sonido de las máquinas de esquilar le provoca pánico, al relacionar dicho sonido con el de los insectos; por eso cuando necesito hacer esta tarea, lo hago colocando algodón en el interior de sus orejas para anular el ruido.

nemos sin percatarnos de lo que hemos hecho y decimos «ni lo he visto», aunque hemos reaccionado inmediatamente. También estos receptores se ponen en movimiento automáticamente provocando que reaccionemos ante cualquier movimiento brusco inesperado. Asimismo un movimiento persistente y nervioso percibido por el ojo provoca en el borde de nuestro campo visual una reacción de intolerancia, porque nuestros receptores del movimiento emiten constantemente una señal de alarma. El ojo del caballo cuenta con estos receptores del movimiento que le permiten defenderse de los depredadores y reaccionar huyendo de lo que considera que es peligroso.

El caballo mira con ambos ojos un objeto que está a distancia delante de él; esto se llama visión binocular. A medida que se aproxima al objeto lo verá con uno solo de sus ojos; esto se llama visión monocular. Cuando se produce el cambio del campo de visión es probable que el caballo se asuste. Por ejemplo, si estoy trabajando un caballo en el corral redondo y quiero que cambie el sentido del giro, si corro rápidamente delante de él a corta distancia seguramente se asustará, no frenará, o cambiará bruscamente de dirección con riesgo de golpearse con las paredes del corral. Para evitar este tipo de accidente lo que debo hacer es interceptarlo a una distancia a la que me vea inicialmente con ambos ojos y luego pueda verme lateralmente con uno de ellos.

Al montar un caballo, este percibe mis más mínimos movimientos —el de las riendas, el de mis piernas, etcétera—, los capta y reacciona de acuerdo al estímulo que recibe. Por tal motivo puedo enseñarle y transmitirle órdenes con mínimos movimientos.

Por lo general las personas se mueven entre los caballos sin pensar y sus movimientos son agitados, bruscos o incontrolados. Un caballo no acostumbrado a esto tendrá reacciones de pánico, ya que sus receptores del campo visual mostrarán constantemente señales de alarma. Sin embargo, los caballos que se han acostumbrado no reaccionan, se vuelven indiferentes y finalmente solo pueden ser conducidos con recursos igualmente rudos. Por esa razón, cuando estamos entre caballos debemos movernos muy cuidadosamente, con movimientos lentos, fluidos, suaves, para preservar esta sensibilidad que resultará tan útil en el momento de enseñarles. Así, por ejemplo, si monto el caballo al que he manejado suavemente sin movimientos bruscos, bastará levantar

Los labios del caballo están formados por músculos que contienen gran cantidad de nervios finales y pelos que transmiten al cerebro información. La lengua el paladar corresponden a las partes más sensibles de la boca, y por eso los frenos que actúan en estos lugares son más severos que los que actúan sobre las mandíbulas y labios.

las riendas con la mano sin tirar de ellas para que frene.

En cuanto a la sensibilidad del oído, también es muy aguda: el caballo percibe sonidos que para nosotros son imperceptibles. Por esta razón también necesitamos ser muy suaves con nuestros caballos.

Los labios del caballo están formados por músculos que contienen una gran cantidad de nervios finales y pelos que transmiten información al cerebro. Mediante estos elementos el caballo distingue los diferentes alimentos, pudiendo seleccionar con precisión los mismos de acuerdo a sus preferencias. Por ejemplo, si en la ración le agregamos algún medicamento que él rechaza, podrá comerse la ración y separar y dejar el medicamento que no desea.

Esto me permite comprender lo sensible que es el caballo en su boca y lo cuidadoso que debo ser al trabajarlo. En consecuencia debo seleccionar correctamente la embocadura o freno que voy a utilizar y ser suave al colocarle el bocado y cuando mis manos manejan las riendas para evitar causarle daños irreparables.

Los caballos se agrupan en manadas
para poder sobrevivir y defenderse
de los depredadores. Vivir en manadas
transmite a sus integrantes tranquilidad.
Cada caballo necesita conocer cuál
es su jerarquía dentro de la manada;
generalmente la que lidera
es la yegua de mayor edad,

Comportamiento social

El caballo es un animal social que posee una vida relativamente estable; no va a la aventura sino que más bien se aferra a un hábitat donde tiene sus costumbres.

¿Por qué es necesario conocer su comportamiento social en el proceso de doma? Porque este recurso me permitirá comprender mejor su predisposición natural o sus dificultades en las relaciones con los seres humanos.

Los caballos necesitan la compañía de otros caballos; si un animal está solo en el campo buscará encontrarse con otros de su especie; «la amistad» entre los caballos perdura en el tiempo. Este hábito se modificará con el adiestramiento.

Cuando un caballo está solo va en busca de su manada para integrarse en ella eligiendo el camino más directo, sin importarle los obstáculos que pueda encontrarse en el camino. Esto suele ser causa de accidentes.

Este deseo de compañía manifiesta entre otras cosas la necesidad de dar y recibir afecto de otros caballos, su prole o sus dueños. En estado salvaje los caballos necesitan vivir en manadas para sobrevivir y defenderse de sus depredadores. Los caballos se agrupan para recibir contacto corporal y tranquilidad por parte de los otros miembros del grupo.

Otra necesidad del caballo es conocer el lugar que le corresponde en la jerarquía de la manada. Podemos servirnos de esta cualidad para la doma.

La necesidad de compañía del caballo también es muy útil en su adiestramiento; de ahí la importancia de que inmediatamente tras el nacimiento el potrillo tenga contacto con el hombre. De esta manera el animal comienza a aceptarlo y esta actitud quedará grabada en su mente.

El potrillo desde que nace vive en una manada y comienza a conocer la existencia de un orden social; deberá aceptar un orden y una jerarquía social para poder vivir en la manada, en caso contrario será excluido. El aislamiento de la manada significa exponerse a una muerte segura.

El potrillo aprenderá de su madre comportamiento social; por eso ella es tan importante para su desarrollo y preparación. Aunque ambos progenitores aportan partes iguales en la genética del potrillo, en el resultado es la madre la que más aporta.

La aceptación social del caballo dentro de la manada es muy similar a la aprobación que cada caballo necesita de su jinete. Cuando un caballo cambia de manada o de jinete se plantea nuevamente la lucha de quién es el jefe y en qué posición se ubica cada uno. Cuando se monta un caballo de nivel inferior en la manada, será más fácil de manejar, al menos en un primer momento, pues estará acostumbrado a ser mandado por otros; mientras que cuando un nuevo jinete o propietario monta un caballo de peldaño superior en la jerarquía de su grupo, como es de temperamento dominante y ha sido jefe de la manada, tratará de dominar al jinete buscando cualquier debilidad del mismo, situación a la que el jinete deberá imponerse con firmeza pero no con violencia, pues en caso contrario el caballo se impondrá al que lo monta.

El caballo busca la protección para la supervivencia en la gran manada; ahí se incorpora a una estructura de dominación social. Si sigo observando el comportamiento en su medio natural, los caballos tienen una estrecha relación de amistad de a dos y es muy común que se trate de animales de temperamentos semejantes. El animal que domina es querido, es quien se gana la confianza y estima. Es por eso que debo conseguir su dominación y confianza. Este comportamiento de los caballos explica que la convivencia con ellos sea tan difícil y apasionante al mismo tiempo. Y precisamente este comportamiento es la causa de que tantos propietarios de caballos no tengan con su «protegido» la relación que ellos desean.

Los caballos poseen aversiones o afectos con cada uno de los diferentes miembros de una manada.

Este es un recurso (dominancia-confianza) muy importante en el momento de adiestrar al caballo, pues me permitirá establecer una excelente relación y una docilidad del animal mayor que si no tuviese en cuenta dicho comportamiento. El control que tiene un jinete sobre su caballo y su contrapartida, la confianza del animal con el hombre, se muestra especialmente en situaciones críticas. Esto permitirá que un caballo asustado continúe controlado por su jinete mediante sutiles señales, recurso de gran utilidad, por ejemplo cuando participamos en competencias hípicas. De no existir tal relación, el jinete no podrá controlar su montura.

Formar parte de una manada obliga al caballo a definir su situación dentro del grupo de animales que integra: o domina, o es dominado, no hay término medio. Esta valoración puede variar en algún momento si se producen determinados cambios, pero el caballo siempre hace esta diferenciación.

Si para doblegar la voluntad del caballo utilizo el látigo, la fusta, las espuelas u otros instrumentos similares, su comportamiento será de rechazo; buscará apartarse del agresor, se volverá apático, receloso y me demostrará de las formas más diversas que no está dispuesto a obedecer y que no confía realmente en mí.

Cuanto más alto es el escalafón de un caballo en la manada, menos toscos serán los medios que utilizará para reafirmar la posición alcanzada o para abrirse paso hacia arriba. Por último, el caballo de rango superior no necesita de ningún medio físico para mantener su jerarquía en la manada.

En la Edad Media, los caballeros conocían el secreto para dominar a sus caballos; podían concurrir a las batallas con la espada en la mano derecha y el escudo en la izquierda. Se dice que había algunos que iban al campo de batalla con sus caballos y los controlaban sin necesidad de utilizar las riendas. No así la gente del pueblo, que pegaba a sus caballos y castraba a los machos para poder dominarlos más fácilmente. De hecho los animales obedecían pero fracasaban en su trabajo en la guerra. Los guerreros, si bien luchaban con el enemigo, debían luchar primero con sus propios caballos.

Por tal razón, en dicha época se elegían hombres con una personalidad muy marcada para ser caballeros. La selección de los aspirantes era dura. Asimismo, sabían que el trabajo con los caballos estimulaba y fortalecía la personalidad del caballero; por ello la disciplina con los caballos no era un fin en sí, sino, fundamentalmente, un medio para alcanzar el fin. El caballo servía a estos hombres para forjar su personalidad.

Bartolomé Carlos Minetti

Los caballeros adoptaron los modos de comportamiento de los animales de rango elevado de tal forma que podían controlarlos sin ejercer violencia sobre los mismos y de esta manera ganarse su confianza. No eran torpes con sus caballos; todo lo contrario, sus movimientos eran lentos, sutiles, siempre bien intencionados, casi danzantes. En cuanto a su voz, era tranquila, dulce e inspiraba confianza. Y, sin embargo, controlaban a sus monturas de forma que estas reaccionaban obedientemente a los recursos más sutiles.

Si el caballo de jerarquía superior no utiliza la presión física para dominar a sus congéneres, ¿cómo lo hace entonces? El caballo jefe posee cualidades que sobresalen, tales como una fuerte personalidad, dignidad, superioridad, experiencia, inteligencia; estas son las características de un animal de rango elevado, y que son muy superiores a las puramente físicas. Cuentan con signos exteriores que son reconocidos por el resto de los animales, que afianzan su poder de forma pacífica. Dichas señales forman parte del lenguaje de los caballos; por esta razón es importante estudiar y conocer su lenguaje.

Durante millones de años, los caballos han vivido en manadas; en ellas sus integrantes aprenden a respetar y obedecer a la líder, una yegua, generalmente la más adulta, que es la que ordena y organiza a los miembros que integran la manada. Allí el grupo aprende a responder a la presión que ejerce la líder para gobernarlos; todos conocen las consecuencias que implica su incumplimiento. Asimismo, cuando sus inferiores obedecen, la líder deja de presionar.

Mediante esta regla de presión y ceder a la presión el caballo conoce cómo actuar frente a las circunstancias.

De igual manera, cuando adiestro un caballo presiono para que ejecute tal o cual acción y cuando la realiza elimino la presión, igual que lo hace la líder en la vida en manada de los caballos salvajes.

Es muy importante que cuando el caballo responda correctamente a la presión yo lo libere de la misma. El caballo aprende a dirigirse hacia las zonas libres de presión.

Mientras algunos de los integrantes de una manada descansan otros están atentos ante cualquier peligro.

En la actualidad los caballos, aunque no viven en manadas salvajes, conservan intacto el instinto y el comportamiento de responder a un líder.

página **49**

La autoestima del caballo

El caballo necesita tener la «autoestima» alta porque así tratará de ser mejor que los demás y su posición jerárquica será superior.

Esta necesidad puede ser utilizada de forma positiva en el caso de preparar a un caballo para competir: parte del entrenamiento consistirá en aumentar la autoestima del animal; si la disminuyo perderá la voluntad de ganar.

Si dejo que el animal sea vencido de forma reiterada y fracase frecuentemente, aminoraré su autoestima y de esta manera él irá perdiendo capacidad de ejecutar determinados ejercicios o disciplinas. Es muy difícil lograr que recupere la autoestima perdida; para conseguirlo habrá que empezar nuevamente con ejercicios básicos y paulatinamente exigir en la medida en que él se vaya superando.

Los caballos temperamentales y muy dominantes son difíciles de domar, pero si se les enseña adecuadamente se obtienen de ellos grandes resultados.

El caballo descubre su autoestima desde los primeros meses de vida; si tiene un desarrollo mayor que sus compañeros, eso le permitirá mejorar su autoestima. Debo tratar de que los partos sean tempranos, dado que los potrillos que nacen antes aventajan a los nacidos con posterioridad, consiguiendo una superior autoestima. Asimismo, para el desarrollo de esta condición la madre influye mucho en el potrillo; si posee muchas de estas características será dominante frente a otros caballos, condición que transmitirá y enseñará a su hijo.

Algunas veces, participando en competiciones habremos montado un caballo que se comporta con una tranquilidad y seguridad que nos asombra. Su rendimiento resulta excelente y nos permite manejarlo cómodamente. En este caso, estamos frente a un animal con una muy buena autoestima.

Por el contrario, el caballo que se asusta, que no acepta el desafío de la competición y que es problemático seguramente lo que tiene es la autoestima muy baja.

*El sentimiento de empatía o antipatía
que puedan tener con el que los adiestra o cuida
influye en el comportamiento de los caballos;
en algunos casos hay animales que no aceptan
que los monten determinadas personas
o bien tienen preferencia respecto a algunas otras.
Otros animales no llegan a una situación
tan extrema pero su rendimiento
es mayor cuando tienen afinidad con el jinete.
Existen casos en los que incluso agreden*

Influencia de las emociones en el caballo

La emoción es una fuerza muy poderosa en el comportamiento del caballo. Así por ejemplo, el miedo, el enojo, las afinidades del animal con otros de su misma especie o con el hombre, el hecho de haber sufrido algún accidente, situaciones especiales que lo excitan, el haber sido maltratado, etc. pueden impulsarlo a actuar de una manera muy distinta a la habitual. Existen algunos animales cuyas emociones condicionan muy fuertemente su conducta o personalidad.

Como el caballo es un animal de huida, la manera de defenderse ante los animales cazadores es salir corriendo; cuando el caballo se encuentre en peligro huirá de aquello que él cree que representa un riesgo para su vida. Debo tener muy en cuenta la situación emocional del caballo en el momento de manejarlo para prever sus impulsos.

El clima influye en el comportamiento emocional de los caballos. Los cambios climáticos los vuelven más excitables y difíciles de manejar.

Por todo esto es muy importante poder conseguir controlar el nivel emocional de los caballos. El control de las emociones se obtiene en el proceso final del adiestramiento; en esta etapa el caballo se encuentra maduro y su manejo resulta seguro.

Si el caballo ha tenido experiencias negativas será difícil conseguir que las olvide. Cada vez que esté frente a un hecho que le resultó aterrador reaccionará negativamente. Por ejemplo, si alguna vez un objeto, una bolsa de nailon, un papel o la primera vez que se le puso la montura le causaron una experiencia negativa, cada vez que se encuentre frente a esta situación entrará en pánico.

La parte emocional la podemos observar desde distintos puntos de vista: uno es la parte física, la que resulta de un cambio químico en el cuerpo del animal o en la tensión muscular. Otro aspecto es el sentimental, que resulta de las reacciones agradables o desagradables, lo que no es visto u oído por nosotros, pero que puedo reconocer por las señales que emite y que deben ser descubiertas por el jinete. El objetivo es evitar las emociones fuertes en los caballos, buscando estados opuestos como la confianza, la cooperación o la calma. Por ello es importante conocer cuál es la causa que modifica el cambio emocional del caballo para tratar de evitarlo.

Hay caballos que se excitan fácilmente y parecen disfrutar de esa situación, por lo que tienden a aumentarla. Algunas veces ocurre con el animal que es herrado por primera vez, que se altera y enoja cuando se le agarra la pata para «calzarlo»; si se lo golpea aumenta su fastidio y cuanto más patea más se enoja. Se desarrolla así una «espiral de enojo creciente» en la que se intensifica el mal humor hasta que el caballo se vuelve inmanejable. La única solución será que la persona que maneja el caballo procure tranquilizarlo hasta lograr que se relaje. En algunas oportunidades acercarle otro caballo más sereno ayuda a tranquilizarlo. Cuando el caballo está excitado, los músculos de su cuerpo se contraen y sus glándulas suprarrenales funcionan mayor tiempo, la respiración aumenta su ritmo y también se incrementa el ritmo cardíaco. Ante esta situación, será el jinete quien deberá proporcionar la cuota de calma correspondiente y manejar la situación.

El afecto que le transmito al caballo le causa placer y lo tranquiliza; es importante utilizar este recurso como incentivo en el adiestramiento.

*Lo invito a que huya y si quiere huir huye.
Utilizo una cuerda larga, no como objeto de agresión
o castigo, sino como prolongación de mi mano.*

Bartolomé Carlos Minetti

Segunda parte

Cómo aprender a controlar los movimientos del caballo

Para poder gobernar el caballo necesito tener control en sus tres niveles: el físico, el mental y el emocional.

La parte física representa los movimientos del animal. La parte mental implica conocer y actuar en la parte intelectiva del animal. Y por último, la emotiva corresponde a las emociones del caballo, como el temor, la confianza, la simpatía, el poder controlar sus instintos, la huida, la sexual, etc.

Cuando iniciamos a un potro comenzaremos controlando sus movimientos; es conveniente hacerlo a pie, en un corral redondo, lo que evita riesgos para el entrenador y el caballo.

A medida que avanzo con este trabajo y mediante el control de los movimientos actúo sobre su mente; para esto utilizo un lenguaje de señales que me permite comunicarme con él. Por ejemplo, en los trabajos iniciales en el corral redondo emitiré una serie de señales para demostrarle que no soy un cazador y que busco generar una relación con él en la cual yo seré el líder porque tengo condiciones para serlo.

Cuando el caballo responde a mi liderazgo inicio un proceso por el cual él dejará de temerme y confiará en mí; en esta etapa agrego el control sobre su parte emotiva.

Conceptualmente la doma y el adiestramiento tienen el mismo significado: ambas palabras significan «enseñar».

En la relación caballo-entrenador se debe tener en cuenta la naturaleza del caballo. El caballo es un animal que es presa de los animales cazadores; para su supervivencia necesita estar atento a los posibles peligros. De existir alguna situación que resulte peligrosa huirá. Para poder detectar el peligro la naturaleza lo ha dotado de agudos sentidos de la vista y el oído y de extremidades suficientemente fuertes y ágiles que le permitan huir. Estos son los únicos recursos con los que cuenta para sobrevivir, y así lo ha hecho durante millones de años.

Al pretender domesticar al caballo debo tratar de anular el instinto de huida, buscando que sustituya el miedo por la confianza en el entrenador.

Desde que nace iniciamos la relación con el potrillo acostumbrándolo a aceptar al hombre; por eso es muy importante acercarse y acariciar al recién nacido. Como en todas las etapas de doma trato de que la primera experiencia sirva para generar confianza tratando de evitar que se asuste. Así sustituyo el miedo al hombre por la confianza.

Desarrollo un lenguaje que ambos entenderemos. Mediante este lenguaje, entre otros objetivos, el caballo descubrirá que soy su líder y amigo, no su enemigo.

La relación de entrenador y caballo debe fundarse en el respeto y la confianza; cualquier circunstancia negativa resultará difícil que el caballo la olvide y no es fácil recuperar una relación dañada.

Como hemos visto el caballo es social por naturaleza, la vida en manada hace que pertenezca a un orden social en el que uno de los animales manda y el resto obedece. Esto facilita el trabajo del adiestramiento dado que el entrenador deberá ocupar la posición de líder haciendo que el caballo lo acepte y obedezca.

El trabajo del caballo con el entrenador debe realizarse de tal manera que el animal esté relajado, igual que comparte su vida con los otros miembros de su manada.

Preparación para la doma de un potrillo de dos años

Al inicio, el tiempo diario de doma debe durar aproximadamente treinta minutos como máximo, y no debe ser continuo sino interrumpido para permitir que el caballo se recupere, y de esta manera aplico un recurso positivo (descanso) que lo recompensa.

El caballo aprende y entiende por repetición, esa es su lógica. El objetivo de la doma es fijar en él buenos hábitos; trabajando con el método de repetición conseguiré que los adquiera.

El proceso, que deberá ser gradual, comenzará desde que nace y continuará durante toda la vida del caballo. Los primeros años es cuando más puede aprender; y es por eso que es muy importante iniciarlo temprano en el adiestramiento.

A continuación detallo una serie de procesos que permitirán alcanzar el objetivo.

Es importante destacar que, en el inicio de la doma, no debo golpear, asustar, tironear o atar al animal a un poste; siendo el caballo un animal de huida, cuando lo fuerzo (o maltrato) intentará huir. Debo conseguir que realice determinadas acciones voluntariamente sin violencia. El objetivo es un buen «entendimiento» acerca de lo que pretendo que realice.

Atar el caballo no solo es una manera de maltratarlo, además le produce daños en la nuca, lo que provoca pérdida de sensibilidad. Es necesario tener presente que el freno actúa sobre la nuca y ante una pérdida de sensibilidad habrá una menor respuesta a la señal que imparto.

Para evitar atar al caballo y que ceda a la nuca, le coloco una cabezada y mientras le pido con el ramal que avance, paso una cuerda larga por sus posteriores y la tenso; cuando la cuerda toca el caballo este avanza, y en cuanto responde le quito la presión. De esta manera él aprende a ceder sin necesidad de violentarlo, no le provoco tensión en la nuca y realizo un trabajo confortable para él.

La suavidad en el manejo hace que aprenda a desarrollar una buena respuesta a la orden que imparto.

Los siguientes ejercicios los realizaré en un corral redondo, de entre doce y catorce metros de diámetro. En esta etapa le enseñaré que cuando invado su espacio tendrá que desplazarse (ejerzo presión) y luego me alejaré quitándole la presión. Es fundamental que el corral tenga una medida de 12 o 14 metros de diámetro porque si es muy grande no podré presionar y si es demasiado pequeño le estaré presionando constantemente y no podrán darse las dos posiciones indicadas. Trabajar pie a tierra en el corral redondo facilita la interacción entre el entrenador y el potro.

Es importante que la primera experiencia del caballo con el hombre sea positiva, no aterradora. Para esto utilizaré el lenguaje descrito por Monty Roberts en su libro *La unión* y que he explicado de forma resumida en el capítulo «Lenguaje del entrenador» y que a continuación comento en detalle.

Llevo el caballo al corral circular, me sitúo en el centro del mismo, luego me cuadro frente a él y fijo mis ojos en sus ojos (lo que él llama «ojo con ojo»). El caballo interpreta este gesto (la posición de mis ojos) como el de un depredador. Los animales cazadores tienen los ojos colocados en la parte delantera de la cara; no así los animales herbívoros, que los tienen en posición lateral para tener un campo de visión mucho mayor.

La colocación de mis ojos indica al caballo que soy un cazador; él me teme y yo debo conseguir revertir tal situación y generar una relación de confianza con el animal.

> *La colocación de mis ojos indica al caballo que soy un cazador; él me teme. Debo conseguir revertir tal situación y generar una relación de confianza con el animal.*

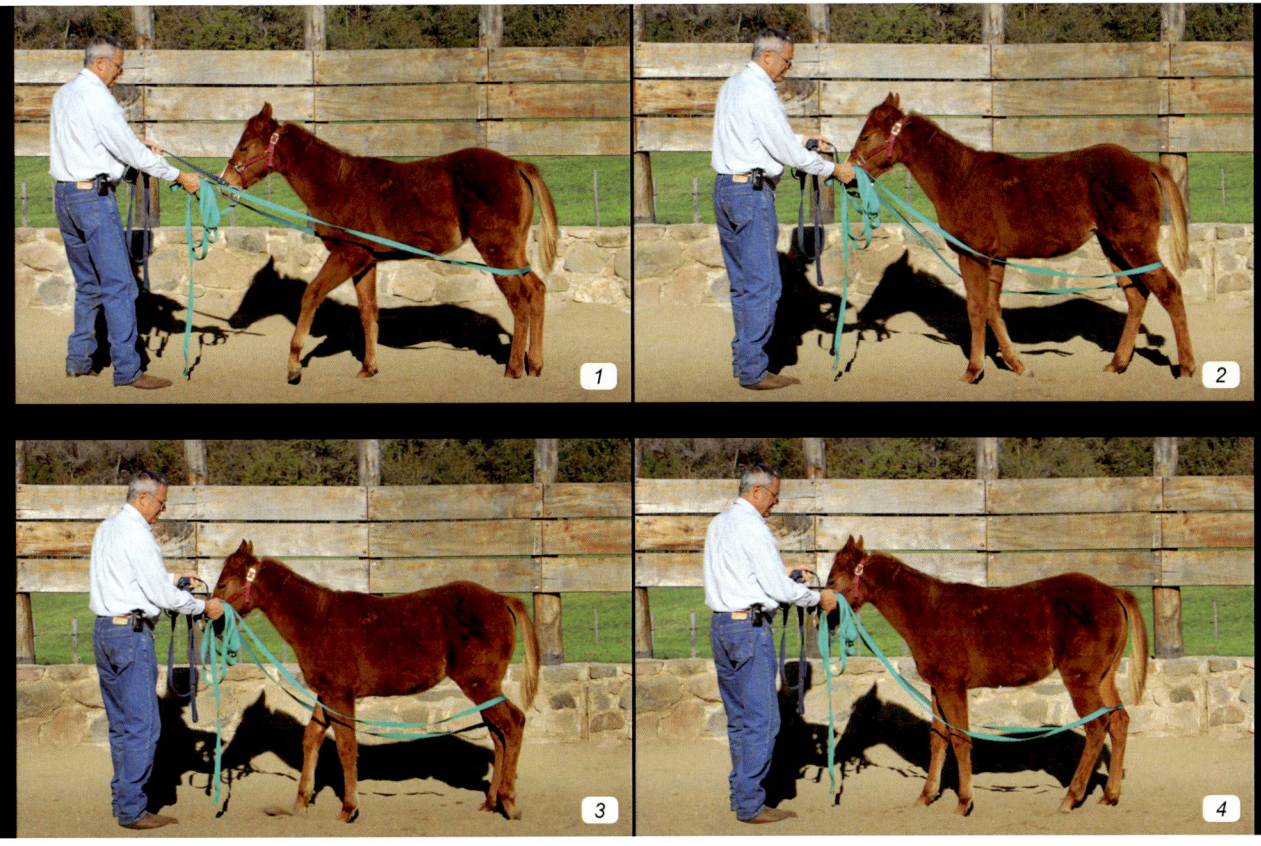

Ante este gesto y mis características de depredador el caballo huye; tomo la actitud de un cazador y lo presiono para que huya mirándolo fijamente.

El mensaje que le doy es: «Si has tomado la elección de escapar, huye». El caballo inicia la huida. Tan pronto como ha recorrido una distancia aproximada de 500 metros, se ve obligado a negociar con su perseguidor-depredador, ya que podría ser peligroso continuar huyendo porque se le acabarían las energías. Recorrida la distancia, la tendencia es pedir una tregua.

Mantengo los ojos y los hombros enfocados en él, pero trato de descubrir algún gesto negociador (gesto que forma parte del lenguaje *equus*).

El primer gesto es fijar su oreja interior y apuntarla en mi dirección. Esto quiere decir «te respeto, no sé quién eres o qué piensas hacer, pero te mostraré respeto e intentaré una negociación».

Segundo, se separará de la pared y tratará de acercarse más; esto significa que afianza su predisposición al diálogo.

El siguiente gesto será lamerse, mascar, sacar y meter la lengua, lo que en su lenguaje significa que no me teme y que confía en que no le haré daño.

El cuarto y último gesto que realizará será dejar caer la cabeza cerca del suelo; la levantará y la bajará (efecto rebote), lo que en el lenguaje *equus* significa algo muy parecido a la reverencia que los humanos realizamos ante personas de altísimo nivel (estrato social o jerarquía).

Una vez efectuados estos cuatro gestos, apartaré mis ojos de los suyos y giraré hasta alcanzar una posición de 45 grados respecto al eje del cuerpo del caballo; esto significa que él puede venir a mí o elegir continuar huyendo. Me mantengo sin moverme. Mientras, él se acerca y extiende su nariz; a menudo me empuja la espalda. Este es el momento más

Enseñando a ramalear a un potrillo de cuatro meses.
Foto 1: tiro del ramal o tenso la cuerda para que pase detrás del potrillo.
Foto 2: cuando el potrillo camina elimino toda la presión.
Fotos 3 y 4: le dejo que descanse. Antes de repetir el ejercicio lo acaricio como señal de haber respondido correctamente. Tras haber entendido, el potrillo responderá a la señal del ramal sin necesidad de utilizar la cuerda.

LA ALIANZA | Adiestramiento del caballo basado en la confianza y el respeto

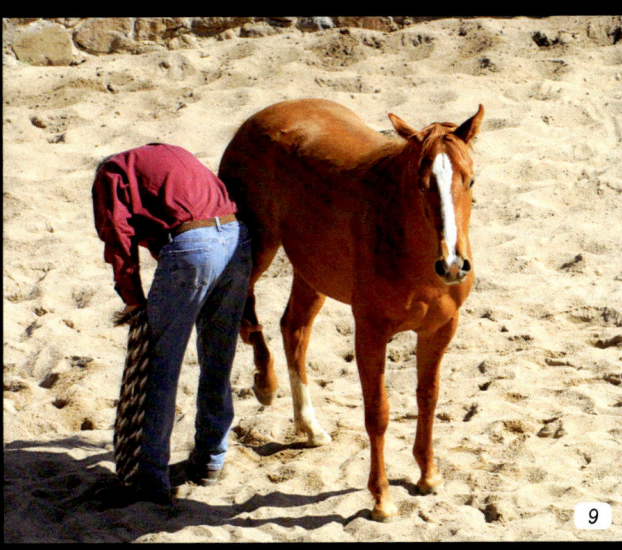

Gestos que el caballo realiza previos a la alianza:

Foto 1: Primer gesto: coloca la oreja apuntando en mi dirección.
Foto 2: El segundo gesto: intenta acercarse.
Foto 3: Tercer gesto: saca la lengua como si masticara.
Foto 4: Cuarta señal: sube y baja la cabeza en señal de reverencia.
Foto 5: Quito la vista y espero a que el caballo se acerque.
Foto 6: El caballo se acerca.
Foto 7: El caballo me olfatea.
Foto 8: Lo acaricio en señal de aceptación.
Foto 9: Toco sus partes vulnerables y él acepta.
Foto 10: Por último me sigue y no se aparta de mi lado.

El objetivo de la doma es fijar en el caballo los buenos hábitos; trabajando con el método de repetición conseguiré que los adquiera.

importante de la «unión», cuando el caballo ha elegido aceptarme. Desde entonces se inicia una alianza entre el hombre y el caballo.

Retrocedo lentamente con los ojos bajos mirando entre sus patas delanteras, mis hombros redondeados, mano cerrada; me acerco y lo acaricio entre los ojos. Esta será la recompensa por «unirse». Me alejo del caballo y él me seguirá, caminaré por el corral y él lo hará junto a mí. Continúo acariciándole las manos, patas, la zona del abdomen y todas sus partes vulnerables.

Las patas y las manos son las armas de defensa del caballo y si me permite acariciarlo ahí es porque confía en mí. Y la zona baja o abdomen es el lugar donde los cazadores atacan a los caballos, para que estos, una vez heridos, dejen expuestas sus partes interiores y mueran. Luego me alejo para demostrarle que no soy un cazador, ya que los cazadores cuando consiguen acercarse a estas zonas del caballo nunca se alejan de la presa.

Si no está listo para la unión huirá; entonces inicio nuevamente el proceso.

Este ejercicio es el más importante en el adiestramiento del caballo; estoy creando las bases de la relación. A partir de este momento el equino deja de ver al hombre como un cazador e inicia una relación de amistad y alianza con el mismo, de lo que resulta que:

1. El caballo aceptará al hombre como su líder. A partir de este momento voluntariamente le obedecerá. No será necesario que sea la misma persona; podrá aceptar a una diferente, siempre y cuando esta lo trate con respeto
2. El caballo empieza a sentir seguridad al lado del hombre
3. Se inicia un lenguaje de comunicación dentro del binomio
4. El caballo aprende a que debe salir de la presión y que si obedece eso será beneficioso para él
5. Durante el primer año de doma antes de montar el caballo, realizo el proceso de alianza antes descrito

Lo que tendré por delante será un proceso de educación y disciplina. Con los avances que habré obtenido del caballo estaré en condiciones de presentarle la montura y ensillarlo. Si no se deja continúo con el trabajo antes descrito. Así comprenderá que si deja que lo conduzca trabajará mucho menos.

En este estado el caballo habrá aprendido que cuando lo presiono él deberá salir de la presión; si hace algo mal le haré trabajar y que será recompensado por sus acciones positivas (eliminando la presión o con el descanso). Una vez que el caballo lo

Foto 1: La posición que adopto respecto al caballo transmite señales. En el primer caso mi posición es de impulsión.

haya comprendido, el resto será un proceso de educación y disciplina.

Debo evitar forzar al caballo; esto desarrollará en él la aptitud para colaborar y trabajar diligentemente. Una manera de favorecer la voluntad de colaborar es tratando de poner al animal en una situación en la que no me aventaje y lo induzco a que cuando baje la presión ejecute una acción que coincida con mis propósitos.

Ejemplo: cada animal tiene un área a su alrededor que no quiere que le invadan; si me acerco y se la invado, automáticamente él se desplazará para recuperarla y defenderla. Esta área la llamaré «espacio exclusivo». Mediante este sistema evito forzar al caballo; simplemente bastará acercarme invadiendo el área para producir su desplazamiento.

¿Cómo utilizo esta herramienta? Si quiero que el caballo aumente su velocidad, me sitúo en la parte trasera del mismo; me acerco a sus cuartos traseros e inmediatamente él aumentará la velocidad para recuperar el espacio que le invadí. Viceversa: si quiero que frene, me situaré en la parte delantera del animal y me acercaré; esto le obligará a frenar para recuperar su «espacio exclusivo». Puedo utilizar mis manos extendidas, una soga gruesa o una fusta larga «que actuará como prolongación de mis manos» para invadir dicho espacio y provocar los efectos indicados. Esta herramienta la usaré por ejemplo cuando trabajo en el corral redondo y a la cuerda, como veremos más adelante.

Cuando estoy montando el caballo, si quiero que aprenda a retroceder, me situaré en una esquina del corral y lo animaré colocando los pies en las paletas, de tal forma que la única salida que él tenga a la presión sea caminar hacia atrás. Para enseñarle a controlar la velocidad, si la aumenta describiré un círculo cerrado hasta que retome la velocidad inicial y luego continuaré en la dirección original. Para conseguir que frene a la orden de «*whoa*», podré trabajarlo con cierta intensidad y cuando observe que comienza a cansarse lo frenaré y simultáneamente le daré la orden verbal; con el tiempo estará esperando que le dé dicha orden para poder recuperarse del trabajo realizado.

Cuando inicio la doma, toco al caballo; así conseguiré que aprenda a permanecer inmóvil. Esto es importante para el manejo del animal, tanto para curarlo, como para ensillarlo, enseñarle autocontrol, etc. También es útil en el caso de que un caballo quede enredado en un alambre, o con la cabezada cuando está atado; en vez de asustarse se quedará quieto esperando a ser asistido. Como se ve, el «maneado» es una buena disciplina.

Foto 2: Mi situación indica mantener el movimiento.
Foto 3: Esta situación implica frenar o disminuir la velocidad.

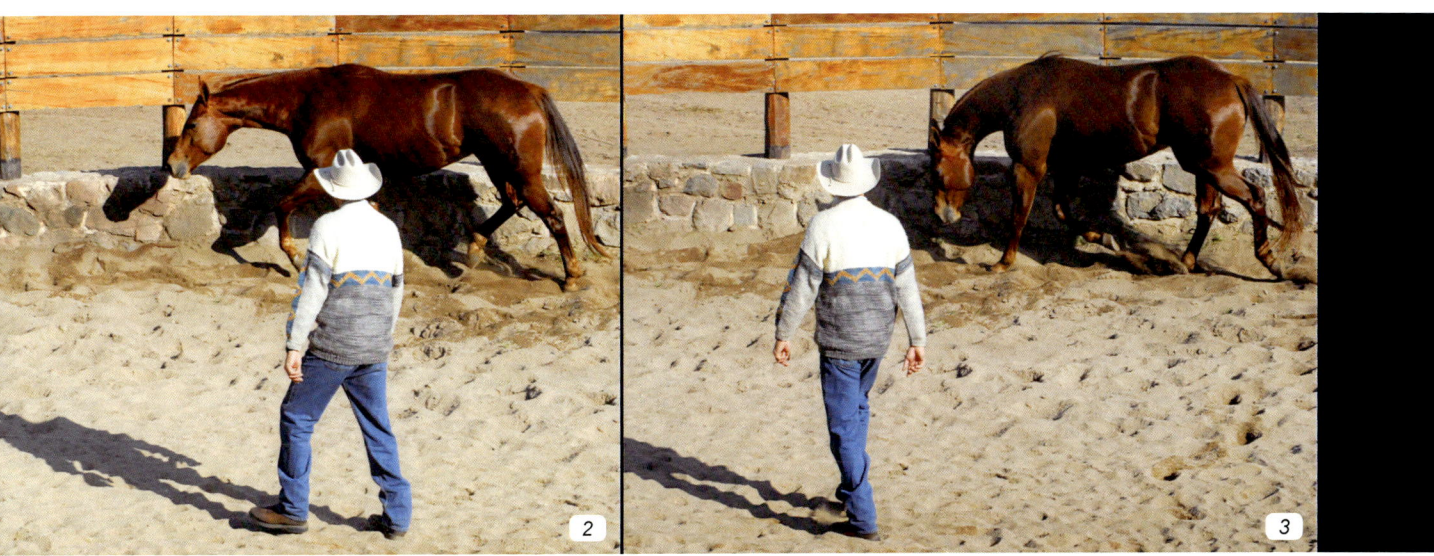

Trabajar el caballo dentro del corral redondo ayuda a que el animal aprenda a cómo responder cuando se lo presiona. Tan pronto como haya respondido a la señal le quito la presión —«presión» será acercarse al caballo y «quitar la presión», alejarse de él—. Para que el trabajo en el corral redondo pueda ser efectivo necesito que el mismo tenga un diámetro entre 12 y 14 metros; esta medida me permite marcar con claridad cuándo lo presiono y cuándo lo libero de la misma. Una medida menor hace que la presión sea constante, y lo opuesto, una medida mayor, impide que pueda presionarlo. Asimismo, el corral redondo debe contar con suelo de arena de 25 centímetros de espesor, material indispensable para el entrenamiento del potro, lo que permite contrastar durante el trabajo los tiempos de esfuerzo y descanso. Así enseño al caballo los conceptos de refuerzo positivo y negativo.

Trabajo a la cuerda

Con los trabajos que inicio en esta etapa de doma trataré, entre otros aspectos, de conseguir una relación con el caballo que me asegure un control sobre él basada en la confianza y la amistad. (Este tema fue tratado en «Comportamiento social»). Asimismo busco desarrollar su masa muscular y transformarlo en un verdadero atleta.

La doma es un proceso que resulta de una serie de maniobras sencillas que se relacionan unas con otras, y que podemos describir así:

1.° Durante las dos primeras semanas inicio la doma trabajando al caballo en libertad en el corral redondo.

   En esta etapa el objetivo principal es enseñarle a que responda a las órdenes verbales, que son la de frenar y controlar la velocidad, indicándole con la voz paso, trote y galope. (Relacionado con el punto «El lenguaje del entrenador»).

   La primera orden o señal verbal que le enseñaré es frenar y permanecer parado. Es fácil transmitir este concepto. Procederé de la siguiente forma: después de haber trabajado al caballo en el corral redondo y que comience a cansarse, me colocaré cerca de la cabeza y le diré «*whoa*». Cuando el caballo se detiene le dejo descansar. Repitiendo el ejercicio varias veces el caballo aprende sin dificultad a obedecer esa orden.

   Una vez que ha asimilado esta conducta, le enseño que cuando pare me mire de frente. Si tiene el mal hábito de dar la espalda, lo corrijo con la fusta larga.

   Después le transmitiré con más énfasis la orden de trote, que es la velocidad más fácil de aprender; así comenzará a grabarla y, una vez aceptada esta orden, continuaré con la de galope o paso.

   Para cambiar de velocidad previamente debo frenar el caballo, espero algunos minutos e imparto la nueva orden. Es importante y fundamental tener un método y respetarlo, lo que implica marcar claramente cada ejercicio con su inicio y su final; en caso contrario, el caballo comenzará a una determinada velocidad y la irá cambiando a su gusto para concluir con el ejercicio y obtener la recompensa (descanso) a la mayor brevedad.

Utilizo el trabajo a la cuerda para generar una relación con el caballo que me permita un dominio sobre el mismo basado en la confianza y la amistad. Trabajo a la cuerda.

Utilizaré también la voz, con mayor o menor energía, para aumentar o disminuir el ritmo, sea el paso, el trote o el galope. No así para cambiar la velocidad, pues para pasar del paso al trote o al galope lo haremos conforme a lo expresado en el párrafo anterior.

Debo desarrollar una relación de confianza con el caballo: tengo que enseñarle a que me mire, que venga hacia mí, que se concentre; cuando veo que se dispersa utilizaré la fusta o una soga gruesa como extensión de mi mano (no para pegarle, sino para llamar su atención). Cuando el caballo realice la acción mirando hacia mí y manifieste su voluntad de cooperar conmigo, entonces es cuando habré conseguido una buena relación de confianza y podré controlarlo y montarlo.

Durante el adiestramiento, desde mi voz hasta mis movimientos deben ser suaves; en caso contrario el caballo lo interpretará como una agresión. Las personas ruidosas y de movimientos bruscos asustan a los caballos y terminan insensibilizándolos.

Trabajar a la cuerda al caballo, además de disciplinarlo, me permite desarrollar su masa muscular y transformarlo en un verdadero atleta.

2.º Continuaré en esta etapa trabajando en el corral redondo, pero ahora le colocaré una cuerda lo suficientemente larga. Me situaré desplazado del centro, de tal manera que iré describiendo un pequeño círculo, acompañando el que dibuja el caballo. Para que este pueda conocer la mano con la que va a trabajar debo tomar la cuerda con la mano correcta. Así, por ejemplo para describir un círculo hacia la izquierda, agarraré el ramal con la mano izquierda, y de forma inversa para cuando quiera trabajar hacia la derecha.

La fusta la tomaré con la mano libre y cumplirá la función de impulsar al caballo cuando sea necesario para que avance o mantenga el aire. Nunca debo castigar al caballo con ella; solamente servirá para transmitirle señales y como extensión de mi mano.

Intentaré que el caballo responda a las señales verbales; le indicaré paso, trote o galope. Para ello si es necesario reforzaré la orden, y en caso de desobediencia, con una señal de la fusta.

Cuando inicie el trabajo seguramente el caballo comenzará galopando; es conveniente no exigirle otro aire pues posiblemente el potro estará algo asustado o con mucha energía. A medida que disminuya su energía comenzaré el trabajo a la cuerda propiamente dicho y entonces podré controlarlo.

Para el control de velocidad evitaré forzarlo. Por ejemplo, si trabaja al trote y comienza a galopar y no obedece a la orden verbal para retomar el aire que le corresponde, acorto la cuerda y achico el círculo de manera que el potro no pueda mantener la velocidad. Ante esta presión no le quedará otra posibilidad que disminuir el aire y retomar el que le corresponda. Podré también tirar de forma reiterada de la cuerda como señal de corrección; luego lentamente aflojaré y aumentaré el círculo. En el caso de que disminuya el aire (como cuando le exigimos galope y comienza a trotar) para que lo retome lo animo con la voz y si no responde utilizo la fusta como señal reforzada.

Esto es una manera de disciplinarlo en el trabajo. Es importante que el caballo adquiera el hábito de la disciplina.

3.º Concluida estas dos etapas iniciales, se comienza con la tercera, que consiste en ensillar al potro. Esta experiencia marca mucho al caballo en su vida futura; será recordada por él de forma indefinida, tanto si se le asusta como si se le lastima. En cambio, si le mantengo relajado y tranquilo será obediente, confiado y responderá a mis órdenes en el futuro.

Debo trabajar al potro en el corral redondo; primero al paso, luego al trote y por último al galope. (Continuar utilizando la voz para los cambios de velocidad). Cuando cambio la velocidad (como lo hice en la etapa anterior), detengo el caballo y le dejo descansar unos minutos. Esto hace que pueda comprender que cada tiempo es un ejercicio independiente y que no se confunda con que el ejercicio empieza al paso y termina al galope, pues si se acostumbra a trabajar de esta manera equivocada en el futuro empezará al paso e inmediatamente pasará a galopar y será él quien marque la manera de trabajar y no aceptará la disciplina y la orden de trabajo.

4.º A esta altura del entrenamiento practicaré los ejercicios uno, dos, tres y cuatro descritos, debiendo ejercitar al potro primero con aquellos cuya presión se ejerce únicamente sobre un lado del mismo, para luego hacerlo hacia el otro lado. Por ejemplo, comienzo ejercitando al potro hacia el lado izquierdo, para luego hacerlo hacia el derecho. Después de que el potro haya aprendido a ceder a cada uno de sus lados, podré practicar el ejercicio 1, que lo obliga a ceder de forma alterna hacia ambos lados. La tensión de las riendas será menor al inicio para ir incrementándose a medida que el potro mejore la flexión.

El caballo colabora con el trabajo cuando lo hace sin tensión; por naturaleza él busca estar relajado. Si lo tensiono él se tensionará, no se concentrará y estará buscando cómo evadirse.

Es fundamental que cuando lo ensillo por primera vez el caballo no se asuste. Cualquier experiencia negativa quedará grabada indefinidamente en su memoria.

LA ALIANZA | Adiestramiento del caballo basado en la confianza y el respeto

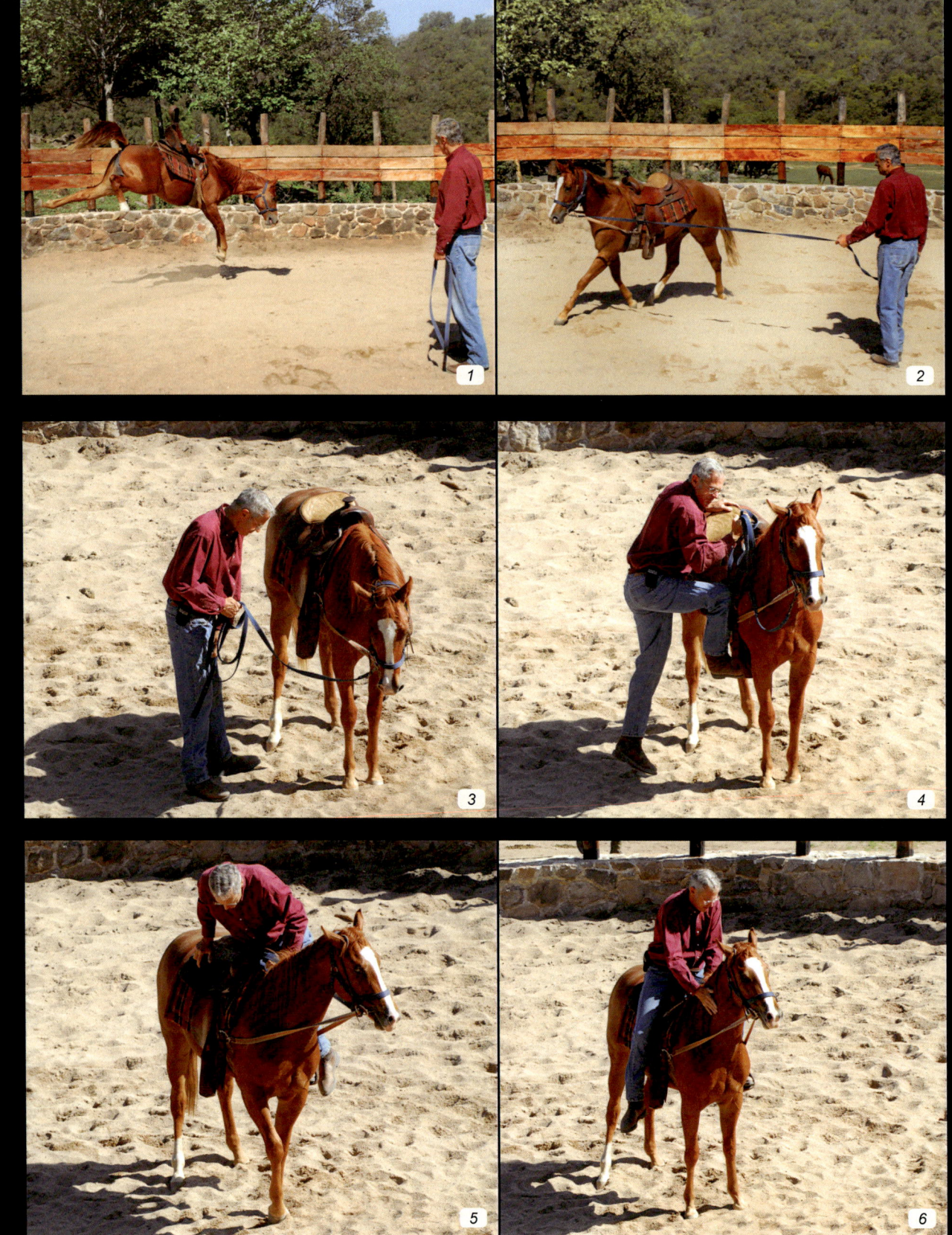

Foto 1: Iniciando a una potra por primera vez tras haber realizado los trabajos de preparación de doma (la alianza). La ensillo.
Foto 2: Se la trabaja a la cuerda.
Foto 3: Se la trabaja para ambos lados.
Foto 4: Cargamos el peso del lado derecho.
Foto 5: Luego del lado izquierdo.
Foto 6: La potra acepta con docilidad al jinete montado. El tiempo de duración del trabajo de entrenamiento inicial fue de unas dos horas y todo se realizó el mismo día (esto se hizo así a los fines de producción de este libro, aunque no es aconsejable en el proceso de adiestramiento).

La manera de conseguir que el caballo trabaje sin tensión se obtiene con un buen trabajo pie a tierra y por ello conviene persistir con este tipo de trabajo.

Cuando el caballo responde correctamente al trabajo de a pie entonces se le puede montar. No conviene hacerlo anticipadamente. Mediante este sistema evito riesgos de accidentes para el entrenador y para el caballo.

Continúo trabajando al caballo a pie (principalmente en el corral redondo) durante el tiempo de iniciación a la doma, aproximadamente durante el primer año, y con esto consigo que se relaje antes de montarlo. El programa diario de trabajo resultará de la combinación del trabajo pie a tierra con el que hago montado, dedicando una parte del tiempo del entrenamiento a trabajar a pie y acompañándolo con el trabajo montado.

Asimismo, el trabajo a pie me ayuda a descubrir las condiciones del caballo; para esto es importante observarlo durante el periodo de entrenamiento.

En el trabajo a la cuerda se debe tener en cuenta lo siguiente:
- La cabezada tendrá un largo de seis a ocho metros aproximadamente; no debe ser muy larga pues perdería contacto con el animal.
- Me situaré en la parte central del cuerpo del caballo. Para impulsar al potro, me desplazaré hacia la parte posterior del mismo, para disminuir la marcha lo haré hacia delante de la zona de la paleta y para frenar me situaré aún más adelante. (No debo modificar el círculo que describo y debo mantener el largo de la cuerda para que todos los círculos sean iguales).
- Tengo que concentrarme para exigirle al caballo la misma atención; lo mejor es fijar la vista en los ojos del caballo y si observo veré que él también me está mirando y que su oreja interna se posiciona en dirección hacia mí. No debo distraerme, pues tan pronto como me pase esto, el caballo cambiará el aire o se detendrá.

La colocación que adopto respecto al caballo transmite señales (ver «El lenguaje del entrenador»): hacia adelante tiene efecto de reunión y disminuye la velocidad; después de que el caballo acate la orden debo volver a la posición central respecto a su cuerpo. Para impulsarlo me dirijo hacia la parte de atrás del cuerpo del caballo y en el mismo acto acorto la cuerda. Para mantener la velocidad me acerco a la zona central del cuerpo del animal. Lo que no debo hacer es permanecer quieto en el centro del corral redondo; siempre acompaño al caballo describiendo un círculo menor.

El trabajo a la cuerda produce efectos importantes: el caballo aprende a flexionarse en forma longitudinal y lateral; asimismo, baja la cabeza y trabaja relajado. Así evito forzarlo para el aprendizaje.

A estas alturas, habiendo utilizado recursos sutiles y no habiendo luchado con el animal para imponerme, con el trabajo a la cuerda habré conseguido resultados muy positivos: se habrá disciplinado, lograré efectos de concen-

LA ALIANZA | Adiestramiento del caballo basado en la confianza y el respeto

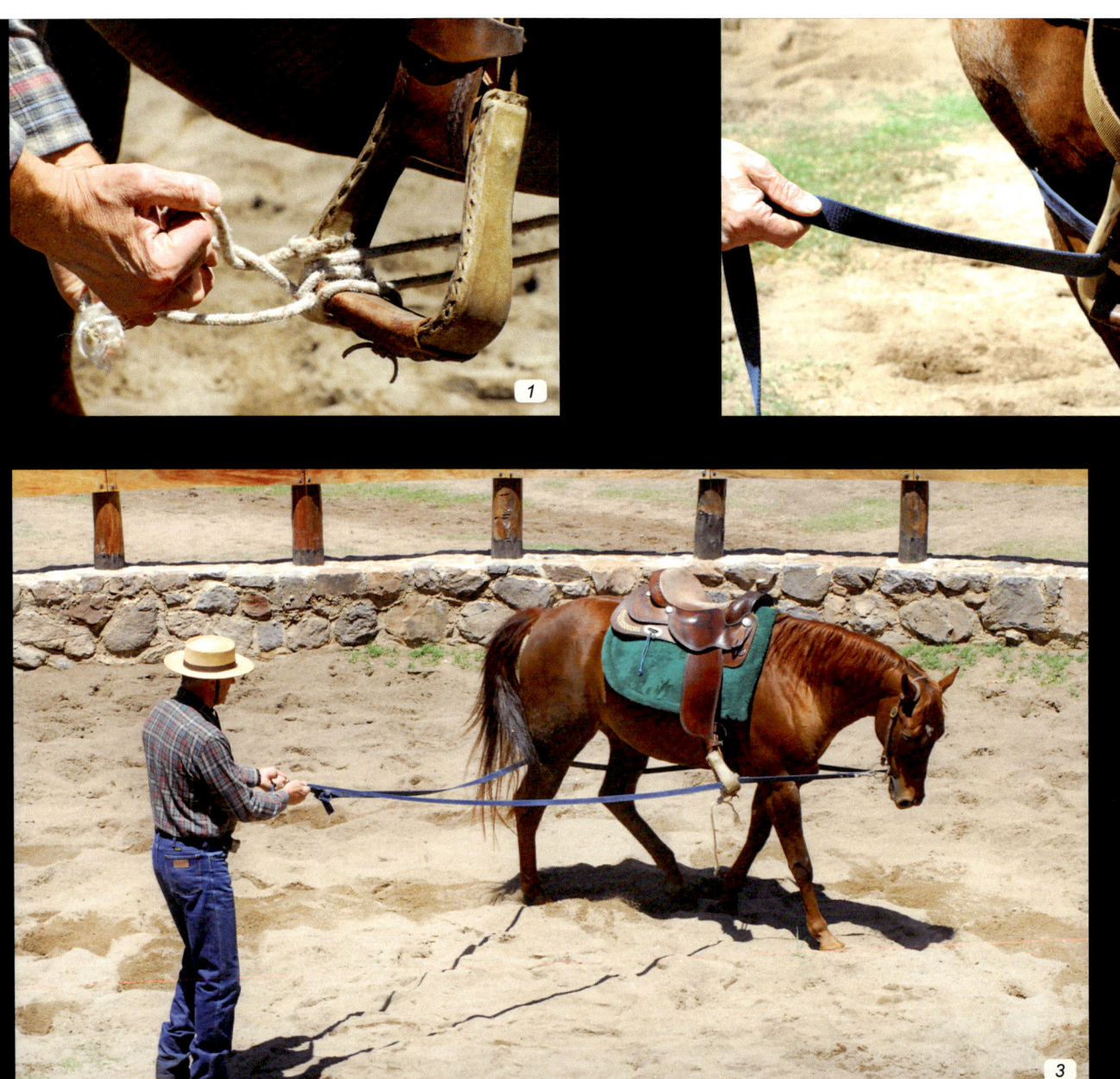

Foto 1: Trabajo a la cuerda con dos riendas; ato los estribos entre sí.
Foto 2: Paso las riendas largas por cada uno de los estribos.
Foto 3: Manejo a la yegua pie a tierra para acostumbrarla a ceder a la mínima presión de las riendas. La yegua se arquea de la cabeza a la cola tomando una posición correcta para el trabajo de entrenamiento.

Manejo el caballo a pie. Con las dos riendas le enseño a caminar para delante; para esto lo incentivo tocando con las riendas su posterior. El caballo avanza, luego le enseño a doblar; acorto la rienda interior y alargo la contraria. También aprenderá a ir en línea recta; para esto igualo ambas riendas. El caballo aprende a obedecer al contacto de la presión de las riendas.

tración, de reunión, tranquilizadores y estimulantes de la confianza. El caballo comienza a prestar atención a mis órdenes y entonces podré flexionar el hocico de derecha a izquierda.

Es fundamental tener en cuenta que el objetivo es poder montar al caballo sin tensión en las riendas; de este modo el animal encuentra, adopta y mantiene por sí mismo su punto de equilibrio. El ejercicio le enseña que esto es mejor e incluso más cómodo porque hará menos esfuerzo al llevar el peso sobre sus cuartos traseros. Una vez que lo ha comprendido lo hace de forma automática.

Cuando obedece relajado a los comandos indicados el potro está listo para un trabajo más avanzado.

5.º En esta etapa ya lo podré manejar desde tierra perfectamente bien; estoy seguro de que me va a responder. Inicio la monta. Voy cargando paulatinamente el peso sobre su lomo y tan pronto como observo que me acepta me coloco sobre la montura. Si el animal permanece tranquilo le doy la orden verbal para que camine; nunca en línea recta porque podría corcovear. Hago caminar al caballo flexionándolo lateralmente hacia la izquierda para que al paso describa un círculo. Si lo hace lo dejaré e insistiré para el mismo lado en la siguiente oportunidad en que lo monte. Después de que el caballo aprenda a trabajar para el lado izquierdo lo haré para el lado derecho.

Durante el periodo de doma es conveniente, antes de montar el caballo, trabajarlo a la cuerda.

Con todo este proceso habré evitado que el caballo trabaje con tensión y habré conseguido que lo haga relajado.

Desde el inicio y durante todo el proceso de adiestramiento, y en el futuro y concluidas estas etapas, existe una razón anatómica por la cual el caballo no debe tener incomodidades en la zona de la boca. Sabemos que los frenos y los filetes actúan sobre la boca de forma directa, influyendo en otras partes del cuerpo del animal. La lengua descansa entre los huesos de la mandíbula, más precisamente entre las filas dentarias y sobre el suelo de la boca. Algunos de los músculos de la lengua se conectan con el hueso hioides (ubicado entre ambas mandíbulas, en forma de espuela, sirviendo de sostén y movilidad a la lengua). De él nacen dos músculos que van uno hacia el esternón y otro hacia el hombro, existiendo así una conexión directa entre la lengua, el esternón y el hombro. Consecuentemente, si el caballo tiene tensión en la lengua, tendrá tensión en todo el recorrido de los músculos que van hacia el esternón y el hombro a lo largo de la parte inferior del cuello, donde realmente lo que necesita es relajación.

Cuando hay tensión muscular en el esternón (zona del pecho) y en los hombros, el caballo no puede elevar su espalda y usar una serie de músculos que conectan la nuca con la cola (músculos dorsales). En sentido contrario, cuando la lengua está libre y relajada, toda la anatomía anteriormente citada se moverá con mayor coordinación y libertad, los andares del caballo se alargarán y serán suaves y su balance será óptimo y así todo será más fácil. De ahí la importancia de usar un freno adecuado y la buena mano del jinete. Cuando existen problemas debo preguntarme cuál de los tres elementos, la boca del caballo, la embocadura o la mano del jinete, es la causa que origina el problema. Así podré modificar y aplicar las correcciones necesarias. Debo cuidar la boca del caballo porque los daños que puedan ocasionarse en ella son en la mayoría de los casos irreparables.

Concluido los trabajos anteriores y habiendo el caballo aprendido a obedecer a las presiones comienzo la etapa del trabajo montado.

Doma básica de un potro de dos años

Cuando el potro ha aprendido el trabajo a la cuerda, ya lo puedo montar dado que responde a las órdenes sin mayores dificultades. Estoy en condiciones de iniciar esta nueva etapa.

> *A estas alturas, habré conseguido que el caballo entienda que debe ceder a la presión que ejerzo sobre él, aunque esto es inherente a su naturaleza, dado que durante millones de años los caballos han vivido en manada obedeciendo a un líder y ajustando su conducta a esta estructura social. Cada caballo conoce cuál es su posición en la jerarquía de la manada. Con el entrenamiento conseguiré que los caballos obedezcan al entrenador y este desempeñe el papel de líder. Aún no siendo su líder natural debe conseguir que el animal lo acepte, cediendo a la presión y ejecutando lo que él le indique. De no actuar así, en la vida salvaje recibiría el castigo quedando fuera de la manada, lo que implica, como ya vimos, poner en peligro su vida. En el entrenamiento, su desobediencia supondrá que deberá trabajar con mayor intensidad. En cambio, si actúa a favor de la presión, obtendrá buenos resultados.*

El ejercicio correcto será: presiono y cuando el animal cede elimino la presión. Cuanto más rápido logre esta práctica tanto más ligero progresará en el aprendizaje. De esta manera básica desarrollaré todo un sistema de comunicación con el caballo que comenzará ejecutando maniobras simples hasta conseguir las de mayor complejidad.

En esta etapa es conveniente trabajar al caballo montado en el corral redondo; esto permite enseñar la distintas maniobras más fácilmente.

Es importante recordar que la manera más rápida para llegar a conseguir el objetivo es ir despacio.

UN SÓLIDO CIMIENTO

El objetivo en estos meses de doma es consolidar una serie de maniobras simples que son básicas para una buena rienda, buscando que un potro de dos años camine, trote o galope y retroceda correctamente con las riendas sueltas. Asimismo, que sea capaz de galopar en círculo, en línea recta sin desviarse a la derecha o a la izquierda, y que galope campo abierto con control.

TRABAJANDO EL CUELLO DEL POTRO

Trabajando en el corral redondo

Colocar la montura, las riendas y los protectores.

Comienzo trabajando al caballo en el corral redondo libremente, primero al trote, luego al galope, unos diez minutos para calentarlo.

Los ejercicios que se describen a continuación se realizan al trote. El trote debe ser extendido y tratando de que el caballo avance metiendo las patas debajo del cuerpo, haciendo fuerza con el posterior. También, para el buen resultado del trabajo, el trote debe tener ritmo constante; de esta forma el caballo no se apoyará en la cabezada.

El tiempo de trabajo para los ejercicios deberá ser de siete minutos a cada lado.

Si el caballo se acelera o galopa hay que inducirlo a que mantenga la velocidad. Para esto debemos utilizar la voz diciéndole «*troooo...te*» suavemente. Para aumentar la velocidad debemos ser enérgicos con la voz y de ser necesario utilizar la fusta como extensión de la mano para dar la señal.

Utilizo la posición de mi cuerpo para indicar al caballo que avance, frene o mantenga la velocidad. Por ejemplo, si quiero que avance me coloco detrás de sus cuartos traseros y me acerco a él. Para que mantenga la velocidad me desplazo al centro del cuerpo del animal. Y, por último, si quiero que frene o disminuya la velocidad, me adelanto y me acerco a la zona del cuello o de la cabeza.

Para frenar, además de las indicaciones que le doy con la posición de mi cuerpo, le digo «*who*». El «*who*» es únicamente para frenar; no lo debo utilizar para disminuir la velocidad.

EJERCICIO 1

Utilizo dos riendas de cuero. Engancho los dos extremos de las riendas en la embocadura, luego las paso por entre las dos manos del caballo y finalmente ato ambas riendas ligeramente tensionadas a cada una de las argollas que sostienen la cincha de la montura, cada rienda de cada lado de la montura (utilizo la argolla superior donde cuelga la cincha). La velocidad de trabajo será alternando de forma suelta y exigida y siempre al trote *(fotos 1 y 2)*.

EJERCICIO 2

Utilizo una sola rienda. Engancho la rienda en la argolla de la cabezada, luego la paso detrás de la mano, cruzo la rienda hacia el otro lado del caballo y ato la rienda ligeramente tensionada a la argolla de la montura de donde cuelga la cincha *(fotos 3 y 4)*.

EJERCICIO 3

Utilizo una sola rienda, engancho uno de los extremos a la argolla del filete y el otro extremo de la rienda se ata ligeramente tensionada en la segunda argolla de la montura, o sea, la argolla trasera.

La tensión de la rienda debe ser suficiente para obligar al caballo a doblar la cabeza hacia el interior del círculo. La tensión correcta debe ser indispensable para que me permita —si estoy en el centro del círculo— ver la frente del caballo. La tensión de las riendas debe ser igual en ambos lados del caballo *(fotos 5 y 6)*.

EJERCICIO 4

En este ejercicio se utiliza una sola rienda. Engancho el extremo de la rienda —la que tiene gancho— en la argolla inferior de la cincha, paso la rienda detrás de la mano del caballo, atravieso la argolla del filete y ato la rienda ligeramente tensionada al cuerno de la montura, con tensión suficiente para conseguir curvar la cabeza del caballo hacia el interior del círculo. Debo conseguir que el caballo trote de forma pareja e intensa, exigiendo que haga fuerza con los posteriores.

Practico cinco vueltas cabeza hacia adentro y dos vueltas hacia afuera; hay que ir variando de tal manera que el tiempo de trabajo de un lado sea siete minutos e igual tiempo para el otro lado *(fotos 7 y 8)*.

Trabajando montando al potro

El trabajo de rienda pueda hacerse de forma directa o indirecta.

En la primera hipótesis, utilizo la cabezada. Tomo las riendas con ambas manos. En este caso cada rienda ejerce presión de forma individual en cada lado de la boca del caballo, que indica el lado hacia el que quiero desplazarlo.

Cuando el trabajo es indirecto, utilizo el freno. Tomo las riendas con una sola mano y la presión la realiza la rienda sobre el cuello del caballo; en este caso la rienda apoya en el cuello y el caballo debe desplazarse del lado opuesto a la presión.

Cuando trabajo un potrillo nuevo, la presión es directa (utilizo cabezada). Concluida esta etapa, a los tres años del potro, comienzo a utilizar el freno. En el tiempo de transición de la cabezada al freno, hasta que se habitúe a este lo guiaré con mis dos manos.

El caballo debe flexionar la nuca ante la menor tensión de las riendas. Si no lo hace no debo aumentar la tensión de las riendas. Lo que debo hacer es aplicar las espuelas detrás de la cincha (punto 1). Tan pronto haya respondido a la señal le quito la presión.

Un buen ejercicio para preparar al potro a ceder la nuca es trabajarlo pie a tierra; el trabajo a pie evita que tengamos que pelear con el animal. Para esto tomamos una de las riendas; la otra rienda queda suelta o la quito de la cabezada, la paso por la argolla de la cincha y la ato a la montura con tensión suficiente como para que invite al caballo a flexionarse lateralmente, ejercicio que hago durante quince minutos. Luego le dejo descansar para después trabajar el otro lado del caballo.

Con los ejercicios anteriores habré preparado al caballo para el trabajo montado. Ya ha aprendido que para salir de la presión debe ceder la nuca. Para esto tenso la rienda izquierda en forma vertical buscando conseguir que el caballo doble su cuello; acompaño el ejercicio presionando con mi pierna izquierda detrás de la cincha. Es posible que el animal comience a caminar. Dejaré que lo haga hasta que permanezca en un lugar fijo; cuando ceda me relajo y repito la acción para el otro lado.

Este ejercicio es conveniente practicarlo cada vez que monto el caballo. Con el tiempo lo hará relajado, permanecerá en un lugar determinado y no necesitaré presionarlo; la señal será suficiente.

Cuando el caballo aprende que si tiro de la rienda izquierda debe curvarse hacia la izquierda, le enseño a describir un círculo hacia ese lado. Para esto procederé de la siguiente forma: acorto la rienda izquierda —interna— y presiono con mi pierna izquierda detrás de la cincha; si el caballo se desvía hacia afuera del círculo con la rienda derecha toco el cuello en la parte exterior del mismo y lo guío. Cuando el caballo trabaja correctamente le quito toda la presión que ejercía sobre él. Luego le enseñaré a hacerlo hacia el otro lado.

Con los simples ejercicios descritos anteriormente habremos iniciado al caballo para poder entrar en una fase más avanzada del proceso de adiestramiento. Comenzaremos con un ejercicio más complejo que resulta básico para poder realizar las maniobras de rienda.

Ejercicio para enseñar al potrillo a ceder la nuca.

Foto 1: El caballo flexiona el cuello hacia la izquierda.
Foto 2: Lo hace hacia abajo.
Foto 3: Lo hace hacia la derecha.
Foto 4: El caballo ha respondido sin tensión en la nuca; de ahí el grado de relajación que presenta.

En este ejercicio la rienda da la señal —primera posición rienda izquierda—, segunda: ambas riendas, y tercera: rienda derecha (acompaño la señal con la presión de la pierna correspondiente a cada lado o ambos lados).

En caso de no responder mantengo la presión de la rienda e incremento la presión que realizo con los talones.

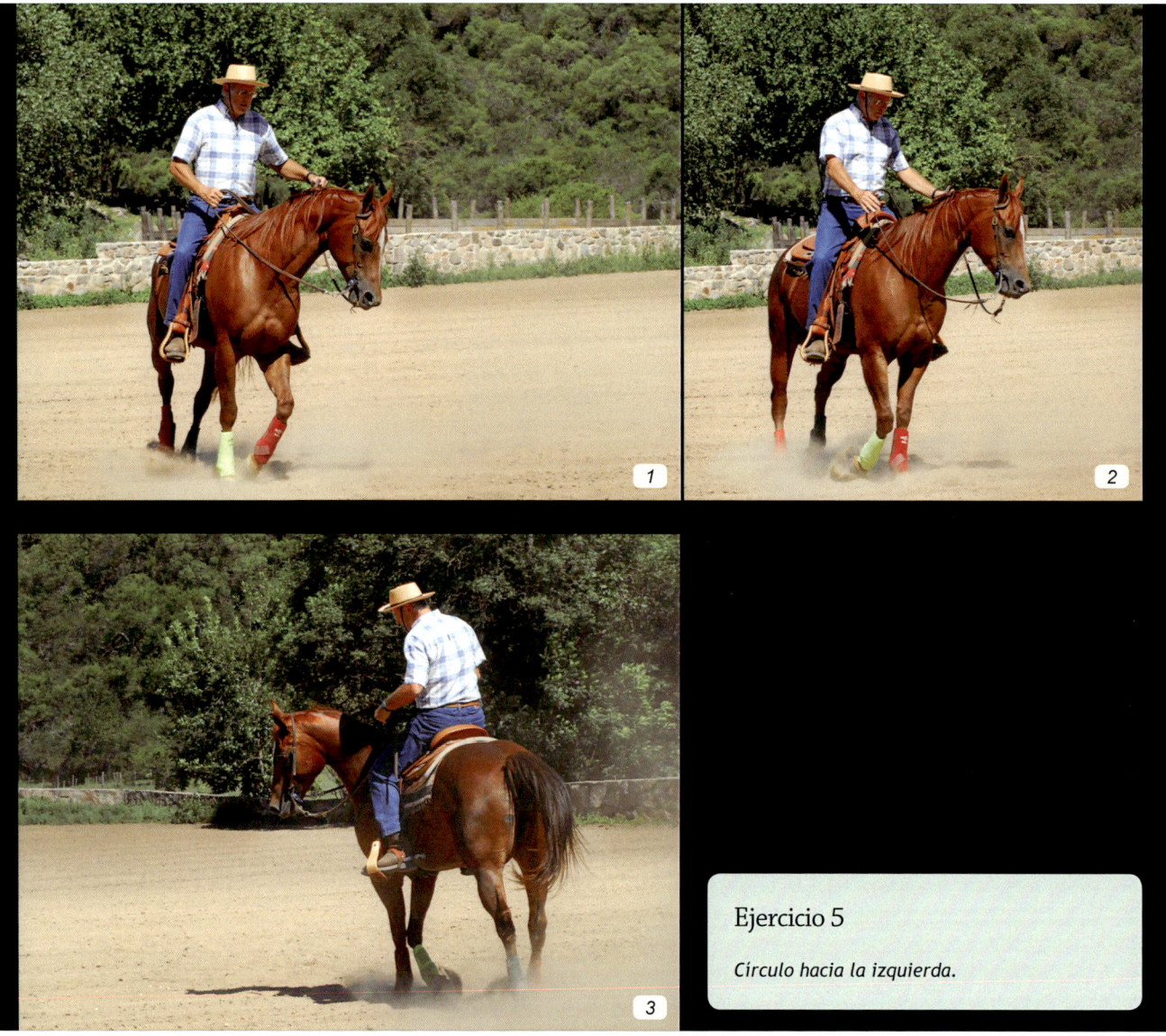

Ejercicio 5

Círculo hacia la izquierda.

EJERCICIO 5

Tomo las riendas con ambas manos, describo un círculo a la izquierda; la rienda izquierda la coloco de forma perpendicular en medio del cuello del caballo, con la pierna izquierda empujo detrás de la cincha con fuerza para obligar al caballo a curvarse y desplazar el posterior hacia el exterior, y la rienda derecha la coloco en dirección a mi pierna derecha; esto me permite guiarlo para que no se salga del círculo y describo un círculo de cuatro metros de diámetro como máximo.

Lo presiono simultáneamente y cuando se arquea elimino la presión. Continúo haciendo el ejercicio. Después de haber realizado varios círculos, el caballo bajará la cabeza, se relajará y continuará describiendo el círculo sin necesidad de guiarlo. Si se sale del círculo le aplico una pequeña ayuda y lo dejo. Después de haber trabajado el caballo para un lado lo hago para el otro.

Ejercicio 6

Círculo hacia la derecha.

EJERCICIO 6

Después de que el caballo realice correctamente el ejercicio anterior comienzo con el nuevo ejercicio. Describo un círculo de igual diámetro al del ejercicio anterior, pero ahora debo arquearlo hacia el exterior del círculo.

Por ejemplo, si el círculo es hacia la derecha, tomo la rienda izquierda y la coloco de forma perpendicular al cuello del caballo, presiono con la pierna izquierda inmediatamente detrás de la cincha, la rienda

El caballo, mediante un mínimo de tensión en las riendas se flexiona longitudinalmente desde la cabeza hasta la cola; esto lo puede hacer porque posee una excelente respuesta de flexión en la nuca.

derecha la coloco en dirección a la espalda derecha del caballo y mi pierna derecha a desplazar su cadera hacia la izquierda. Cuando el caballo se coloque en la posición correcta levanto totalmente la presión que efectuaba sobre él. El círculo que realizo es de cuatro metros de diámetro. Con las riendas guío al caballo para que mantenga el círculo. Continúo con el ejercicio hasta que el animal se relaja y baja la cabeza, manteniendo por sí mismo el círculo sin necesidad de guiarlo. Si se sale del círculo le aplico una pequeña ayuda y lo dejo.

Después de haber trabajado para un lado lo ejercito hacia el otro.

FLEXIÓN

El caballo debe ceder la nuca; de no lograrlo no avanzará en el proceso de aprendizaje. Esto implica que obedezca con la menor tensión de las riendas sin necesidad de tirar de las mismas, debiendo responder suavemente.

Asimismo, intento arquear al caballo de la cabeza a la cola (ambos extremos deben apuntar hacia el suelo) para mejorar las maniobras de las riendas. De hacerlo en sentido contrario las funciones del arco quedarían alteradas y serían antifuncionales.

Para que el caballo aprenda a ceder la nuca practico los ejercicios cinco y seis, pero ahora lo haré con menor presión sobre las riendas. Para esto, cuando realizo el ejercicio estoy atento al momento en que el caballo cede a la presión; entonces lo recompenso eliminando completamente la misma. Realizo el ejercicio cada vez con menor presión, hasta que el caballo se acostumbra a ceder al menor toque de la rienda.

Para la flexión longitudinal hago caminar al caballo y lo presiono con los talones detrás de la cincha; simultáneamente ajusto las riendas y cuando cede le quito la presión, luego me relajo. Repito el ejercicio. Si el caballo ha comprendido obedecerá a cualquiera de las dos señales, tanto al ajustar las riendas como en el momento en que lo presione con mis pies detrás de la cincha.

Es conveniente que, diariamente antes de iniciar el trabajo con el equino, lo primero que haga sea flexionar correctamente la nuca y el cuello, de tal manera que el caballo no ejerza resistencia.

Para que el caballo aprenda a ceder a la pierna me coloco en posición perpendicular a la pared del corral. Esta impide que avance. Con la rienda izquierda lo invito a que se desplace hacia la izquierda y ejerzo presión con la pierna derecha. La única manera de liberarse de la presión será cediendo lateralmente hacia la izquierda y viceversa para el otro lado.

CEDER A LA PIERNA

Una vez consolidados los ejercicios anteriores le enseñaré a ceder a la presión de la pierna.

Coloco al caballo con la cabeza perpendicular a la pared del corral redondo, con la intención de impedir que avance. Tomo las riendas con ambas manos e inmovilizo su cabeza. Si deseo que avance hacia la izquierda presiono con mi pierna derecha y despego la otra del caballo, liberando así la salida hacia ese lado (izquierda). Acompaño estas señales apuntando mi mirada hacia el lado hacia el que debe partir el caballo. Por último golpeo con mi pierna derecha hasta que el animal salga hacia el lado correcto y cuando obedece quito la presión. Luego practico hacia el otro lado.

CÍRCULOS

Hasta que no pueda dominar las costillas del caballo, no tendré control sobre su cuerpo.

Camino en círculos pequeños y observo si el caballo curva la columna y si tiene flexibilidad en la región costal.

Oriento la nariz del potro hacia la izquierda y le hago caminar en círculo; coloco la pierna interna apoyando en las costillas del caballo de donde cuelga el estribo y aflojo la rienda derecha.

Cuando el caballo se relaje, deje caer su cabeza y camine en círculo arqueando su cuello, entonces habré conseguido realizar el ejercicio correctamente. En este caso, el caballo queda arqueado —en forma longitudinal y lateral— desde la nariz hasta el anca.

Repito lo mismo del lado derecho, ejercitando ambos lados por igual.

Si el caballo se desvía del círculo, procedo de la siguiente forma: en el caso de que lo haga para afuera, tomo las riendas con ambas manos y la interna la coloco en

Galopando en un círculo hacia la izquierda apoyo la pierna izquierda detrás de la cincha. Empujo las costillas del caballo hacia el exterior del círculo, coloco la rienda izquierda perpendicularmente en medio del cuello del caballo y aflojo la rienda derecha.

posición perpendicular en medio del cuello del caballo y la externa a la altura de su espalda. Para conseguir que el caballo mantenga el círculo doy tensión a la rienda externa; esto obliga al caballo a desplazarse hacia el interior. Con la rienda interna en la misma posición controlo para que mantenga el círculo. Y viceversa en el caso de que el desvío sea hacia el interior.

Este ejercicio lo inicio al paso y aumento la velocidad a medida que el caballo se afianza en sus aptitudes de trabajo.

Como aún no controlo la velocidad debo trabajarlo sin exigirle velocidad; lo importante es que realice correctamente el ejercicio.

RETROCESO

Cada vez que deba frenar al caballo le diré «*whoo*»; así asociará esta palabra con la orden de frenada.

Entonces, para enseñarle a parar, después de trabajarlo digo «*whoo*», piso los estribos hacia delante y le quito la presión. Una vez que se ha detenido le hago caminar un paso hacia atrás. Con esto el caballo relacionará la palabra «*whoo*» con caminar hacia atrás, lo que implicará haber frenado.

No debo tirar de las riendas con fuerza, ni dejar que el caballo tire de las mismas, pues en caso contrario perderá sensibilidad en la boca.

Muy importante: si el caballo caminó hacia atrás no insisto repitiendo la maniobra. En cuanto a la velocidad, inicialmente no debo exigirle en exceso.

Un buen ejercicio que puedo enseñarle al caballo es comenzar caminando de una punta de la pista hacia la opuesta; lo hago en línea recta y cuando llego le digo «whoo», freno, le dejo unos minutos que descanse, después giro y me coloco en sentido contrario. Espero nuevamente y avanzo al paso hacia el lado opuesto. Repito el ejercicio tantas veces como sea necesario. Cuando el caballo lo ha comprendido y lo hace correctamente puedo hacerlo al trote, y, finalmente, cuando lo hizo bien en este aire lo hago al galope. Tengamos en cuenta que siempre inicio el ejercicio al paso. Si el caballo se adelante cambiando la velocidad por sí mismo es necesario comenzar nuevamente el ejercicio. Con este entrenamiento el caballo, no solamente aprende las maniobras antes indicadas, sino que se le disciplina en el trabajo y esto se hace mientras obedece a nuestras órdenes.

Un principio básico en la doma del potro es velocidad paulatina, confianza y tiempo de trabajo adecuado a la capacidad del animal.

Otro método para que el potro aprenda a retroceder es trabajar con las piernas. Para eso coloco mis piernas cerca de las paletas del caballo, golpeo las mismas con mis pies hasta que el potro, que permanece parado, retroceda. Inicio con golpes suaves en las paletas para ir incrementando los mismos en la medida en que sea necesario y, cuando el potro ha comprendido lo que se le solicita, disminuyo la presión de mis pies.

Después de que haya retrocedido por lo menos un paso, espero y repito el ejercicio, hasta que el caballo aprende a retroceder cuando mis piernas se colocan hacia adelante sin necesidad de tocar las paletas. Con el tiempo será suficiente posicionar mis piernas a la altura de la espalda para que el potro retroceda. Cuando inicio el ejercicio no le exijo en demasía; basta con que camine uno o dos pasos hacia atrás para que con el tiempo aprenda a aumentar el recorrido del retroceso.

Para mejorar la frenada me ayudo con la valla de la pista; para esto galopo en línea recta de un extremo al otro de la pista y dejo que el caballo frene cuando se acerca a la valla. Con este ejercicio el caballo aprende a frenar sin necesidad de utilizar las riendas y mete el posterior debajo de su cuerpo.

Preparando la yegua para realizar el ejercicio dos para mejorar la flexión de nuca. Es conveniente realizar los ejercicios 1 a 4 para conseguir una buena flexión de cuello y nuca. El caballo que trabaja sin tensión en la nuca responde con suavidad y sin tensión a las solicitudes del jinete.

Ejercicio de flexión y correcta alineación de un caballo de tres años

A esta edad el caballo no está lo suficientemente formado como para exigirle en exceso, le falta desarrollo físico y madurez para el trabajo, por lo cual continuaré trabajando con suavidad y lo recompensaré con largos periodos de descanso; así evitaré su fatiga.

TEORÍA DE LA FALTA DE AIRE

Para que un caballo pueda trabajar correctamente debe tener los pulmones llenos de aire; los problemas de tendones, ligamentos, lesiones, etcétera, derivan de haberlo trabajado faltándole el aire. Cuando observo que el caballo respira con dificultad, le haré caminar lentamente y dejaré que se relaje unos minutos.

Todo ello tiene una base fisiológica que resulta de la necesidad de oxigenar debidamente la sangre para que esta pueda alimentar los músculos y los huesos. La falta de oxígeno obliga a los tendones a realizar funciones impropias. Como consecuencia se producen las anormalidades señaladas.

Intento que al caballo le guste lo que está haciendo. Muchas veces el cansancio impide que el animal realice los ejercicios que se le exigen. Si dejo que descanse y luego reanudo la rutina, posiblemente el problema que tenía desaparezca; en realidad lo que pasaba es que estaba agotado.

Si trabajamos correctamente con el caballo con pausas periódicas para que se recupere en el entrenamiento, no tendremos un animal fatigado y con falta de oxígeno en cada rutina de trabajo.

EJERCICIO DE FLEXIÓN Y ALINEACIÓN CORRECTA

Diariamente, durante el precalentamiento realizo ejercicios para conseguir que el caballo elimine tensión y esté flexionado y alineado. Debo practicar la flexión lateral y de nuca, gimnasia que debo hacer con el animal totalmente parado y también en movimiento.

Cuando se logra un cuerpo flexionado y el animal trabaja confortablemente, estaré en condiciones de controlar sus movimientos con suaves señales de mis dedos y piernas. Debe estar flexionado para hacer las maniobras básicas de riendas, que son: círculo, parada, *spin*, *rollback* y retroceso.

Solo cuando el caballo aprende los ejercicios antes mencionados y los realiza al paso comienzo a practicarlos al trote y galope.

Si el caballo se niega a realizar los ejercicios, quizá es que estoy avanzando demasiado rápido. Entonces es mejor volver al paso y comenzar de nuevo.

EJERCICIO DE LA NUCA Y EL CUELLO

La nuca del caballo es la unión entre el cráneo y la columna y está situada entre las orejas. Es una unión flexible. Este ejercicio consiste en desarrollar una nuca flexible.

Para conseguir una buena flexión de nuca practicamos los ejercicios cinco y seis descritos anteriormente aunque ahora lo haremos con mayor exigencia. Para esto describo círculos más pequeños de diámetros de dos o tres metros. En el caso del ejercicio seis, lo complemento ejerciendo presión con la pierna interna en la zona del abdomen del caballo. La presión que debo hacer con las riendas a estas alturas tiene que ser apenas perceptible por el potro; de ser necesario aumentaré la presión de las piernas, pero no debo golpear con las mismas al caballo. Este ejercicio de flexión es muy duro para el caballo y no debo insistir demasiado; cuando lo hace bien, le dejo descansar.

Si el caballo no tiene tensión en la nuca trabajará relajado, y para esto es necesario que esté cómodo en la boca, lo que implica que el freno sea el adecuado y que yo sea suave con mis manos al presionar con las riendas.

Flexionar la nuca quiere decir curvar al caballo; de esta manera el equino orienta su nariz y barbada hacia el pecho. Para una correcta flexión la cabeza debe estar perpendicular al suelo; la flexión no debe ser muy pronunciada pues estaría sobrepasándose.

Un caballo correctamente flexionado debe tener suficiente espacio entre los músculos del cuello y la mandíbula como para que le permita respirar bien. La tráquea está en esta área, por lo que es importante mantenerla con el espacio suficiente para que el caballo pueda recibir la cantidad de aire necesario.

No debo exceder la flexión tirando excesivamente de las riendas. La correcta flexión se da a partir de ajustar las mismas, es decir tensarlas. Acompaño el ejercicio presionando con mis piernas detrás de la cincha; si el caballo no se flexiona debo aumentar la presión con mis piernas sin tirar más de las riendas. Cuando el caballo responde lo libero de la presión.

El animal debe realizar el ejercicio de flexión relajado, de lo contrario transmitirá la tensión a todo su cuerpo. A la inversa: si consigo flexionarlo sin rigidez es señal suficiente de que está dispuesto a cooperar con todas las partes de su cuerpo.

Desde el primer día que monto un caballo le hago avanzar taloneándolo rítmicamente. Luego, a medida que el entrenamiento avanza le enseño que si a esta señal le agrego la de tensar las riendas, debe flexionarse longitudinalmente, bajando la cabeza, y él comienza así a fijar este hábito. Esto me permitirá generar en él un reflejo condicionado: si aprieto las piernas en la forma antes indicada y simultáneamente tenso las riendas, acompañando sus movimientos con igual ritmo, el animal responderá bajando su cabeza y flexionándose longitudinalmente; en el futuro con solo apoyar las espuelas detrás de la cincha (punto 1) y sin necesidad de tensar las riendas obtendré el resultado de la flexión que tan útil es para el control de la montura y para todas las maniobras, evitando así ejercer presión sobre la boca del caballo.

EJERCICIOS DE PALETA

El caballo debe caminar derecho para poder realizar correctamente todos los movimientos que necesito; para ello, sus dos paletas deben estar a la misma altura, o sea, niveladas. En caso contrario la paleta que está más baja hará que se incline hacia ese lado y caminará torcido.

Si las paletas están desniveladas, el equino suele caerse hacia dentro del círculo, haciendo que este se cierre cada vez más.

El ejercicio que utilizo para nivelar las paletas es describir un círculo pequeño —cuatro metros de diámetro o menor—, por ejemplo hacia la izquierda. En este caso tomo las riendas con ambas manos, la izquierda la coloco en medio del cuello del caballo y de forma vertical y la derecha la llevo hacia la paleta mientras que con el pie izquierdo presiono simultáneamente por detrás de la cincha. El caballo va describiendo el círculo; si se desvía hacia afuera del círculo tiro de la rienda derecha para guiarlo, si lo hace hacia adentro disminuyo la presión de la rienda exterior y aumento la presión interna. Luego complemento el ejercicio levantando la paleta; para esto elevo la mano izquierda e incremento la presión de mi pie izquierdo hasta conseguir que las paletas se nivelen. La presión la ejerzo de forma intermitente y voy disminuyéndola cada vez que consigo una respuesta correcta. Cuando el caballo describe el círculo por sí mismo y lo hace relajado lo freno con las paletas niveladas y le dejo descansar.

¿Cómo mover o levantar la paleta del potro? Por ejemplo, si deseo inclinar o levantar la paleta izquierda, presiono con mi pie derecho el posterior derecho del potro. Empujo con mi rodilla izquierda la paleta izquierda, inclino mi cuerpo hacia la derecha, de tal manera que la montura acompañe mi movimiento. Esta posición de mi cuerpo y de la montura obligará a la paleta izquierda del caballo a inclinarse y levantarse. Acompaño mi movimiento con la rienda izquierda que se tensa y toca la paleta izquierda del caballo; y viceversa para mover o levantar la paleta derecha. Esto me permite partir al galope, siempre con la mano correcta.

Como en todos los ejercicios comienzo al paso, sigo al trote y cuando el caballo ha trabajado bien en estos dos aires paso al galope.

EJERCICIOS DE COSTILLA

Camino en círculos, curvando el caballo alrededor de la pierna interna del jinete; así aflojaré sus costillas. Debo orientar el hocico hacia el interior de la circunferencia y aflojar la rienda externa para que el caballo pueda llevar su cabeza hacia dentro del círculo. Si el equino se inclina hacia el interior, se talonea con la pierna interna en las costillas. En cambio, si se sale del círculo, se utiliza la pierna externa para llevarlo hacia dentro.

Cuando el caballo responde correctamente, completo este ejercicio tomando las riendas con ambas manos —sin tirar excesivamente— y manteniendo firmes mis piernas intento controlar los movimientos del animal. Desplazo el caballo lateralmente utilizando la presión de mi pierna interna sobre las costillas; él caminará arqueado lateralmente. Entonces puedo decir que el caballo trabaja a dos pistas.

Si quiero nivelar la paleta izquierda del caballo, debo tomar las riendas con ambas manos. Tenso la rienda izquierda y la apoyo de forma perpendicular en la mitad del cuello del caballo, la rienda derecha con un mínimo de tensión la llevo hacia la paleta del caballo, y con el pie izquierdo presiono simultáneamente detrás de la cincha invitándolo a caminar. El caballo levantará la paleta para liberarse de la presión.

EJERCICIOS PARA LA CADERA O EL ANCA

Cuando el caballo comprende el ejercicio de flexión de costilla puede realizar ejercicios para el anca.

Para mover la cadera derecha hacia la izquierda debo dividir el ejercicio en las siguientes partes: primero, realizo el ejercicio de nuca flexionando la cabeza del caballo; segundo, muevo las costillas izquierdas hacia arriba con la pierna izquierda; por último coloco el talón de la pierna derecha detrás de la cincha, lo mas atrás posible (punto 3), y empujo el anca hacia la izquierda. Previamente disminuyo la presión que ejercía con mi pierna izquierda.

En otro sentido, para mover el anca o cadera izquierda hacia la derecha, continúo aplicando los ejercicios de flexión conforme a lo descrito en el párrafo anterior. Primero realizo el ejercicio de nuca, flexionando la cabeza del caballo; segundo muevo las costillas derechas hacia arriba con la pierna derecha; por último coloco el talón de la pierna izquierda detrás de la cincha, lo más atrás posible, y empujo el anca hacia la derecha. El cuerpo del caballo describe un arco moviendo la cadera hacia la derecha.

Una vez que incorporo este ejercicio, practico el mismo trabajo pero haciendo caminar al caballo hacia atrás, aunque esto resulta más complicado para el animal. En este caso es la cadera quien lidera el ejercicio.

Los caballos jóvenes se resisten a ejecutar este adiestramiento. En esta situación debo ser paciente, pues sé que estoy pidiendo algo contrario a su naturaleza. Esto ya sabemos que tiene una explicación: la zona que presiono —los flancos del caballo— es una parte muy débil de su cuerpo. Allí se encuentran sus órganos vitales, recubiertos por una capa de piel muy fina. Los cazadores, conocedores de esta debilidad, atacan en ese lugar. Para defenderse, los caballos se desplazan en el sentido de la presión —punto donde muerde el cazador— porque de esta manera son menos vulnerables. Saben que los daños del agresor serán menores si se desplazan en el mismo sentido en el que el atacante presiona.

En el trabajo de adiestramiento, con este ejercicio debo enseñarle lo contrario, que se aparte de la presión y que deje de apoyarse en ella; por esto resulta dificultoso y los potros se resisten a ejecutar la orden.

Una vez más le estoy pidiendo al caballo que se adapte a mis exigencias sin respetar su propia naturaleza.

Resumiendo, el control de las paletas, el cuello, la nuca y la cabeza lo logro mediante el uso de las riendas, mientras que las costillas y caderas las manejo y controlo con mis piernas.

Para mover la cadera del caballo hacia la derecha flexiono la nuca, muevo las costillas derechas hacia arriba con la pierna derecha cerca de la cincha y por último coloco el talón de la pierna izquierda lo mas atrás posible y empujo el anca hacia la izquierda.

ALINEACIÓN DEL CABALLO

La nuca, el cuello, las paletas y las caderas del caballo deben estar dispuestas de manera que si trazo una línea imaginaria recta desde la nuca hasta la cola todas estas partes queden alineadas. En ese caso la columna vertebral será una línea recta perfecta.

Un caballo bien alineado describe un círculo perfecto mientras es conducido por el jinete con su mano colocada encima de las crines y sin desviarse.

La única manera que tengo para alinear el cuerpo del caballo es flexionar cada una de sus partes. En las páginas anteriores he desarrollado la manera de controlar cada una de ellas. Todos los caballos, hasta que no están relajados o flexionados correctamente tienden a desequilibrarse hacia un lado u otro (derecha o izquierda).

Así, por ejemplo, si la parte delantera se desvía hacia la izquierda, la de atrás lo hace hacia la derecha para equilibrarse. Para dar vueltas, hacer círculos y retroceder necesito tener el cuerpo del equino alineado.

Casi todos los caballos están un poco desalineados y yo, como entrenador, los debo posicionar en una línea recta.

Cuando comienzo a caminar realizo ejercicios de flexión de nuca y cuello; si el caballo intenta tirar sus paletas a la izquierda y el anca hacia la derecha, le debo enseñar lo opuesto. Muevo las costillas hacia la derecha y las caderas hacia la izquierda, tratando de mantener las paletas en el medio para estar seguro de que el hocico y el cuello estén rectos hacia adelante, controlando las costillas y las caderas con mis piernas. Si las paletas se desvían las golpeo con mis pies y corrijo la dirección. Para aplicar una corrección no debo desviar en exceso las paletas, como puedo hacerlo con las otras partes del cuerpo del caballo, dado que debo tratar de mantenerlas lo más en el medio posible, para preservar el equilibrio del caballo.

En el círculo puedo observar el grado de alineación del caballo; cuando este se apoya en la rienda interna significa que su paleta interna y las costillas están caídas hacia adentro, mientras que su cadera se encuentra hacia afuera. En esta situación el caballo no podrá arquearse longitudinalmente y meter sus cuartos traseros por debajo del mismo. Para nivelar las paletas debo realizar el ejercicio descrito en el punto referido de cómo nivelar las paletas del caballo.

Lo mismo pasa en el retroceso: cuando el caballo no puede mantener la línea recta, y por ejemplo se desvía hacia la derecha, significa que las paletas están desalineadas hacia la izquierda.

Resumiendo, el control de las paletas, el cuello, la nuca y la cabeza lo logro mediante el uso de las riendas. Mientras que las costillas y caderas las manejo y controlo con mis piernas.

Marcando un círculo hacia el lado derecho: el caballo deberá arquearse con igual graduación que la figura que describo. Para poder arquearlo debo tomar la rienda derecha con mi mano derecha, la coloco perpendicular al cuello del caballo y a la mitad del mismo y simultáneamente con mi pierna derecha lo presiono detrás de la cincha, mientras que la rienda izquierda la coloco en dirección a mi rodilla de ese lado. Con estas señales el caballo se arquea para poder describir el círculo

Círculos y cambios de mano

CÍRCULOS

Después de haber trabajado el caballo haciendo círculos al paso, continúo al trote y finalmente lo hago al galope.

El objetivo es que el caballo galope en círculos sin inclinarse hacia dentro ni hacia fuera del círculo.

El caballo debe estar correctamente alineado desde la cabeza hasta su anca. Como consecuencia, la columna vertebral debe ser una línea recta perfecta; en caso contrario tendré problemas para guiarlo y estará desequilibrado, tendiendo a desviarse.

Para conocer cómo está de alineado el caballo debo colocar mi mano en el medio de las crines. Estará correctamente alineado cuando puede galopar rápido en un círculo grande —aproximadamente de diez metros o más de radio—, luego pequeño y despacio —de dos metros de radio—, para luego dejar el círculo y continuar galopando en una línea recta sin que la mano del jinete se desvíe del centro de las crines.

Cuando el caballo describe un círculo la columna vertebral se arquea con la misma graduación que la figura que describe. Mientras más cerrado sea el círculo más cerrado será el arco de la columna del caballo, y viceversa.

El ejercicio en círculo debe ser un dibujo perfecto. Ayudaré al caballo a realizar el círculo con los ejercicios de flexión, donde el jinete aprende y utiliza sus manos y piernas para controlar todas las partes del cuerpo del animal.

Un viejo refrán dice que el caballo tiene su lado favorito, al igual que las personas, que pueden ser diestras o zurdas. Por lo tanto, no es conveniente permitir que el caballo trabaje siempre el lado que le queda más cómodo ya que eso trae malos hábitos para el entrenamiento.

Como lo normal es que el caballo tenga un lado más desarrollado que el otro, debo ejercitar dos terceras partes del lado que tiene mayor dificultad y un tercio del lado favorito.

Muchos aficionados tienen problemas para aprender a hacer círculos. La única forma de lograrlo es con muchas horas de práctica y ejercicios. Si el caballo no está flexionado no conseguiré hacer círculos.

¿Cómo hacer para que el caballo parta al galope para describir un círculo a la izquierda?

1°. Oriento el hocico del caballo hacia la izquierda
2°. Aflojo la rienda derecha para que el caballo pueda llevar su cabeza hacia la izquierda
3°. Coloco la pantorrilla izquierda en las costillas del caballo para moverlas y curvarlas
4°. Con la pierna derecha presiono los flancos del caballo (punto 3), animándolo a moverse hacia el interior del círculo; cuando comienza el movimiento lo invito a galopar. El caballo estará flexionado desde el hocico hasta la cola y se encontrará curvado en forma de arco hacia la izquierda

Desplazo ligeramente mi cuerpo y mi peso hacia el lado contrario del círculo que describo. Si el caballo galopa a la izquierda, mi peso y mi cuerpo los desplazaré hacia la derecha y viceversa. Con el tiempo el caballo aprenderá que la posición de mi cuerpo indica cuál será el sentido del círculo o la mano que liderará el galope. Esta señal facilita el cambio de mano del caballo.

Para partir a la mano correcta debo tener buen control sobre el posterior. Como el inicio del movimiento lo marca la pata,

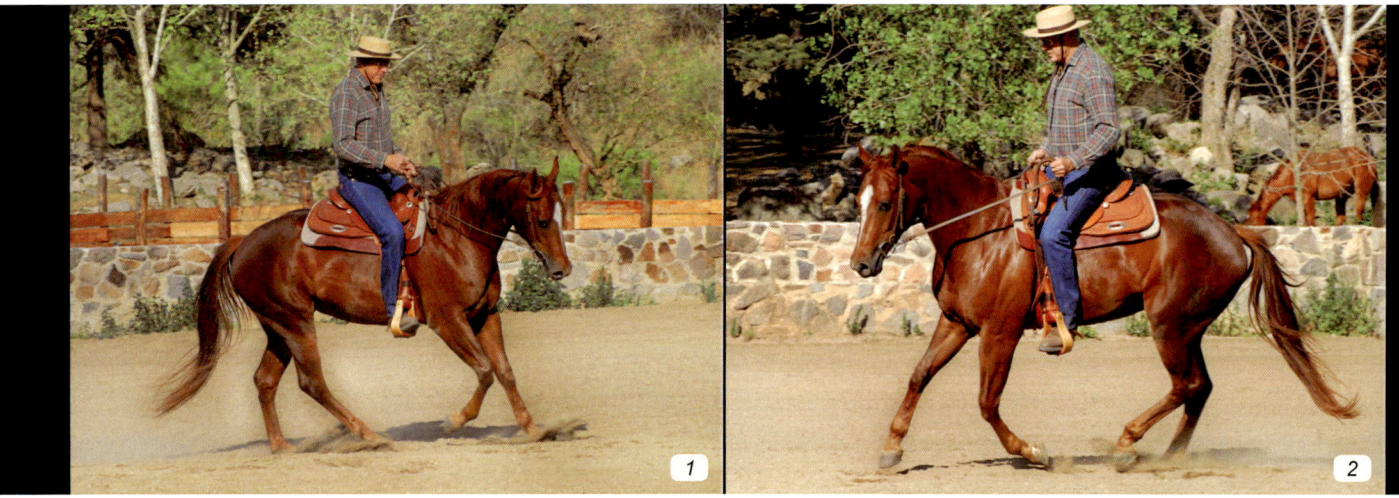

Para mantener el círculo procedo de la siguiente forma: si el caballo se desplaza hacia el interior del círculo, apoyo la rienda interna y mi pie interno presionando para que se desplace hacia el exterior. Simultáneamente disminuyo la presión que ejerzo con la rienda externa. A la inversa: si el caballo se sale del círculo hacia el exterior aumento la presión de la rienda exterior y disminuyo la presión que le ejerzo con mi pie interno y la rienda de ese lado.

buscaré tener control sobre las caderas del caballo. Si presiono sus flancos le obligo a desplazar el posterior. Si empujo con mi pie derecho el posterior del caballo hacia la izquierda, le obligo a describir un círculo en ese sentido, y viceversa (si empujo con mi pie izquierdo el posterior del caballo hacia la derecha, le obligo a describir un círculo hacia ese lado). Acompaño la presión que ejerzo en el anca dirigiendo con la rienda la cabeza del caballo, marcando el sentido del círculo a describir.

Al dibujar el círculo, por ejemplo a la izquierda, observaré que esa mano del caballo se encontrará adelantada respecto a la mano derecha, lo que interpretaré como que galopa con la mano correcta. Lo haría de manera incorrecta si la derecha se adelantara a la izquierda y el círculo que describo fuera hacia la izquierda.

Cuando el caballo galopa golpea el suelo; a esto (golpes) le llamaré batida. En cada tiempo de galope, según la velocidad, el caballo hace tres (lento) o cuatro batidas (rápido).

El orden de cada batida es: en el caso de describir un círculo lento hacia la izquierda, primero pata derecha, segundo pata izquierda y mano derecha, tercero mano izquierda, suspensión. En el caso de describir un círculo lento hacia la derecha, primero pata izquierda, segundo pata derecha y mano izquierda, tercero mano derecha, suspensión.

El orden de cada batida en el caso de describir un círculo rápido a la izquierda es: primero pata derecha, segundo pata izquierda, tercero mano derecha y cuarto mano izquierda, suspensión; si es a la derecha: primero pata izquierda, segundo pata derecha, tercero mano izquierda y cuarto mano derecha, suspensión.

Cuando el caballo se desvía hacia afuera del círculo, tomo las riendas con ambas manos —si describo un círculo a la izquierda—, la rienda izquierda la coloco en forma perpendicular en medio del cuello del caballo, con la pierna izquierda empujo detrás de la cincha para obligar al caballo a curvarse, la rienda derecha la coloco en dirección a mi rodilla derecha; esto me permite guiar al caballo para que no se salga del círculo. Regularé la presión de la rienda derecha para que el caballo mantenga el círculo. Si se sale nuevamente del círculo le doy una pequeña ayuda y lo dejo. Si el caballo achica el círculo con la rienda izquierda en la misma posición la apoyo en el cuello y aumento la presión de mi pierna izquierda; debo regular la presión para evitar pasarme y que el caballo se salga del círculo. Practicaré las correcciones necesarias para que mantenga el círculo. Cuando haya trabajado bien le haré descansar.

A estas alturas el caballo tiene un grado de entrenamiento suficiente como para responder a mis peticiones con señales de

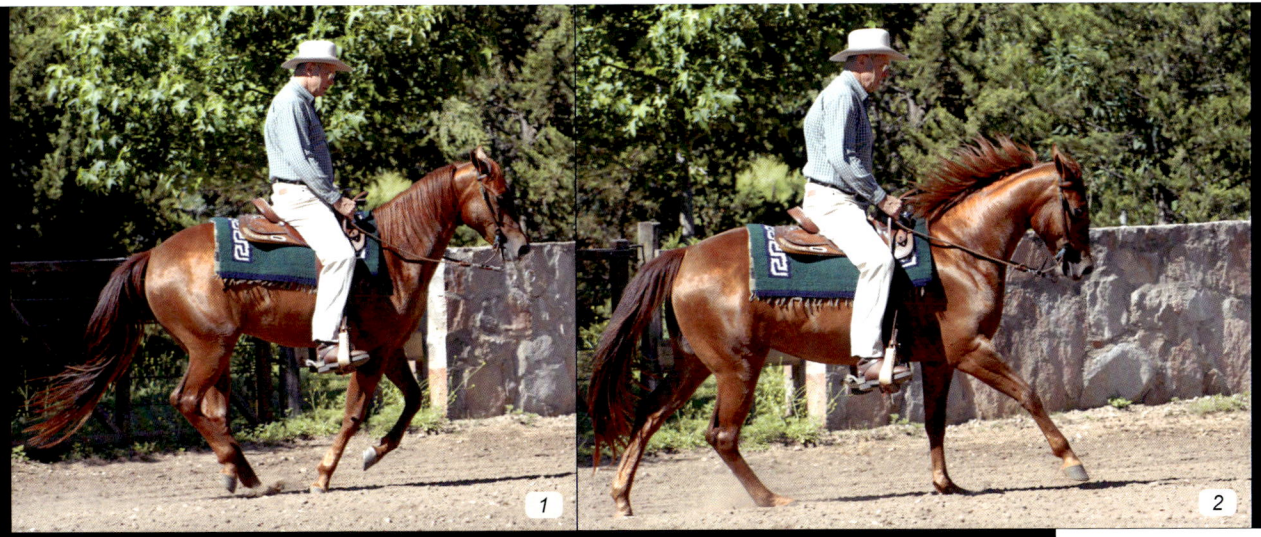

Después de que el caballo ha aprendido a arquearse lateralmente le debo enseñar a hacerlo longitudinalmente. Para esto tenso las riendas y las coloco en una posición fija y presiono con mis pies para arquear el caballo longitudinalmente desde la cabeza hasta la cola. Si el caballo no responde lo que debo hacer es incrementar la presión de los pies y mantener la misma presión que ejerzo con mis manos. Tan pronto como el caballo se arquee longitudinalmente le quito la presión. Después de unos segundos repito la acción para ir fijando el ejercicio.

cortesía, que son aquellas que le aplico con las riendas con un mínimo de tensión —sin ejercer ninguna presión sobre la boca del caballo—. El caballo percibe que cambio la posición de mis manos y obedece con buena disposición. Cuando el animal se encuentra en este grado de adiestramiento es que el proceso se ha cumplido exitosamente. A medida que avanzo en el adiestramiento el grado de presión va disminuyendo. Se empieza sustituyendo la presión que ejercíamos con las riendas por señales de cortesía. En relación a la presión que ejerzo con los pies, continúo utilizándolos cada vez más suavemente hasta sustituirla por señales de cortesía.

¿Cómo poder transmitir a la boca del caballo las señales de cortesía?

La mejor manera es utilizando una embocadura adecuada. Los frenos son las herramientas más indicadas. Podré utilizar frenos articulados o rígidos. Los primeros transmiten una gran cantidad de señales, mientras que los segundos, por emitir menos señales son más precisos. Utilizaré el que corresponda dependiendo del grado de avance del caballo en el proceso de adiestramiento. Es conveniente el uso de los articulados por ser más suaves para luego trabajar con frenos rígidos. En el último capítulo están

Cuando disminuyo la velocidad, el caballo debe cambiar el número de batidas que debe realizar. En este caso muchos animales se desequilibran y cambian automáticamente la mano. Para evitar esto debo apoyar la pierna en los flancos del caballo. Por ejemplo, si el círculo es hacia la izquierda, apoyo la pierna derecha. Con esta acción evito que el caballo cambie la mano que lidera.

explicadas las funciones y el empleo de los diferentes tipos de embocaduras.

Es importante que el equino realice los ejercicios conforme y contento. Si manifiesta disconformidad (colocando sus orejas hacia atrás, o moviendo la cola excesivamente) es conveniente no continuar con el trabajo y buscar el origen del problema, que puede ser de salud.

Describir círculos perfectos es fácil de decir, pero difícil de hacer. Si utilizo señales perimetrales esto me ayudará a cumplir el objetivo. Es importante que cuando haga un círculo dirija la mirada marcando el recorrido a larga distancia; en caso contrario (si fijo la vista a corta distancia) el círculo que describiré será imperfecto.

Para dibujar un círculo correcto es necesario que el caballo galope centrado entre ambas riendas. Si se apoya en una de ellas se inclinará hacia ese lado. El animal debe desarrollar este ejercicio mediante la flexión lateral y no por su inclinación.

CAMBIOS DE MANO

Cuando digo que hago un cambio de mano me refiero al acto simultáneo de cambiar la pata y la mano que van marcando el galope, y esto debe lograrse en la misma brazada.

El cambio de mano es una maniobra complicada para el caballo y no debo practicarla con insistencia; al principio lo haré una o dos veces por día de trabajo.

Solo cuando tengo perfecto control de cada movimiento del cuerpo del caballo le enseñaré a cambiar la mano al galope. Uno de los ejercicios que el equino debe haber aprendido antes es a desplazar el anca y controlar la velocidad.

El jinete tiene problemas cuando enseña simultáneamente a su caballo a cambiar de mano y de dirección; estas son dos maniobras independientes y deben ser practicadas por separado.

Si enseño a cambiar la mano y la dirección de forma simultánea, el caballo se adelantará a la maniobra, realizándola sin que se lo pida, o bien cambiará la mano y no la pata (esto es una falta grave en las pruebas de riendas). Cuando altero la dirección para cambiar de mano, estoy modificando la inclinación de la paleta del caballo; le obligo a cambiar la mano, pero él no hace lo mismo con la pata. El caballo continúa galopando de una manera muy incómoda para el jinete, que siente la sensación de como si el posterior del animal se arrastrara.

¿Qué es lo correcto que le enseñaré al caballo?

Que el cambio de mano se inicie con el cambio de pata, lo que luego produce el cambio automático de la mano. Cuando el caballo está en suspensión es el momento ideal para pedir el cambio de mano.

¿Cómo hacer el cambio de mano, por ejemplo si el caballo galopa a mano izquierda y quiero cambiar a la derecha?

Modifico las presiones indicadas para la salida al galope. Cuando galopo a mano izquierda mi cuerpo asienta su peso sobre el lado derecho del caballo, mi pierna presiona el flanco derecho (punto 3) y para producir el cambio a la derecha, desplazo mi asiento hacia el lado izquierdo y presiono con mi pie el flanco izquierdo (punto 3) de mi montura.

No es necesario forzar al caballo y menos aún con las espuelas; esto ocasiona que cuando le pido cambiar la mano aumente la velocidad y se descontrole.

Para cambiar la mano, el caballo debe controlar la velocidad y estar concentrado en la maniobra. La mejor manera de enseñarle este ejercicio es, por ejemplo, si estoy galopando a la mano derecha y deseo cambiar a la izquierda, inicio esta maniobra tensando la rienda y orientando el hocico hacia la dirección que quiero ir. Desplazo las costillas hacia la derecha, empujo con la pierna izquierda; luego apoyo la pierna derecha y desplazo la cadera del caballo hacia la izquierda, finalmente libero la presión de la pierna izquierda. Para el cambio a la mano contraria se procede de forma inversa.

Si el caballo realiza la maniobra correctamente, hay que bajar la velocidad, trotar y detenerse; luego daré dos pasos hacia atrás y lo recompensaré.

Una buena manera de adiestrar al caballo al cambio de mano es describiendo varios círculos, por ejemplo hacia la izquierda, luego cambiar la dirección hacia la derecha. Continuando con la mano cambiada y alejado del punto donde se hizo el cambio de dirección pido el cambio de mano. Si no lo hace no debo forzarlo; le solicito que trote y luego retomo el galope con la mano correcta. Después de haber realizado este ejercicio varias veces el caballo aprende naturalmente y cambia la mano sin dificultad.

Es conveniente enseñar el cambio de mano en línea recta. Para ello puedo marcar una línea diagonal en la pista. Cuando el caballo ha aprendido correctamente el movimiento lo realizo en el centro de la pista.

Nunca debo obligar con las espuelas o golpear con los talones bruscamente los flancos del caballo para que cambie la mano. Si lo hago conseguiré que cuando le pida cambiar la mano el animal, asustado, aumente la velocidad y se descontrole. En esta circunstancia no lograré mi cometido.

Para un buen cambio de mano es necesario que el caballo galope con las paletas perpendiculares entre sí y bien equilibradas.

Si necesito equilibrar las paletas tomo las riendas con ambas manos y las coloco perpendiculares en la mitad del cuello del caballo y presiono hacia arriba levantando más el lado del caballo cuya paleta se inclina.

Otra técnica para enseñar al potro a cambiar la mano es mediante el ejercicio descrito en «Ceder a la pierna».

¿Cómo enseñar a que el potro ceda a la pierna?

Inicio el entrenamiento frente a una barrera fija, la pared del corral redondo y después la pared de la pista. Una vez que el potro ha comprendido cómo liberarse de la presión que le ejerzo con la rienda y mi pierna y que lo haga al paso, luego al trote y por último al galope, únicamente lo galopo cuando él mismo cede a la pierna correctamente y responde a las señales que le doy, nunca antes; prácticamente debe obedecer sin necesidad de presionarlo.

Lo que hago para que el potro se desplace hacia la izquierda es tensar la rienda derecha y presionar en el punto 3 con la espuela para invitarlo a que se desplace hacia la izquierda. Quito toda la presión del lado izquierdo. Al principio, con la rienda izquierda puedo invitarlo a que se desplace hacia ese lado. Siempre trabajo al potro en línea recta.

Afianzado el ejercicio al paso y al trote, comienzo a galoparlo y hago que se desplace, con las mismas señales ya indicadas, hacia la izquierda. Luego le pido que lo haga hacia el lado derecho. Presiono sobre el lado izquierdo con la rienda de ese lado y con mi pie izquierdo; el caballo se verá obligado a cambiar la dirección de desplazamiento hacia el lado derecho y cambiará la mano que lidera el galope. Si al inicio no lo hace o se traba, troto y aplico las señales en los puntos de presión indicados; luego salgo al galope. Con el tiempo no será necesario disminuir el aire y el caballo habrá aprendido a realizar correctamente el cambio.

LA ALIANZA | Adiestramiento del caballo basado en la confianza y el respeto

La yegua galopa a mano derecha (tres batidas)

Foto 1: Asienta la pata izquierda, protector verde.
Foto 2: Luego lo hace la pata derecha y la mano izquierda, protector rojo.
Foto 3: Por último lo hace la mano derecha que lidera, protector amarillo.
Foto 4: Se produce el cambio de mano. Comienza el ciclo hacia la izquierda. Primero asienta la pata derecha, y luego casi simultáneamente lo hacen la pata izquierda y la mano derecha.

Bartolomé Carlos Minetti

Foto 5: Lo hace la mano izquierda, protector rojo que lidera.
Foto 6: Elevación.
Foto 7: Lo hace la pata derecha e inicia la batida la pata izquierda y mano derecha.
Foto 8: Por último lo hace la mano izquierda.

El caballo debe caminar con la misma facilidad hacia adelante o hacia atrás.

Retroceso y parada

RETROCESO

El retroceso es un ejercicio de flexión para el cual el caballo debe estar en condiciones de arquear y mover todas las partes de su cuerpo. Debo conseguir hacerlo con ritmo y cadencia de igual manera que camina hacia adelante.

Hay que tener en cuenta que en esta etapa el caballo ya sabe realizar básicamente este ejercicio, pues se lo enseñé inicialmente en el corral redondo, luego a la cuerda, y durante la doma de los dos años. El animal interpreta que cuando digo «*whoo*» debe retroceder y por consiguiente frenar previamente.

Para perfeccionar esta maniobra, inicio el movimiento haciendo caminar al caballo hacia adelante unos veinte pasos, digo «*whoo*», paro y aflojo las riendas, luego con la voz le indico que retroceda y tenso las riendas. Si no retrocede, presiono suavemente de forma reiterada con mis pies la paleta derecha y luego la izquierda, llevo las riendas tensas pero sin tirar de ellas. Cuando él retrocede unos pasos repito «*whoo*» y relajo.

Una reculada rápida se logra con una boca suave y sensible. Para lograr correctamente este movimiento es necesario que el animal esté alineado; en caso contrario, perderá cadencia y no podrá retroceder en línea recta. También es indispensable una buena flexión de nuca para que el caballo pueda ejecutar correctamente este ejercicio. Si aún no controlo estos dos elementos, no podré realizar un buen retroceso.

Por ejemplo, si el caballo tiene las costillas desalineadas hacia la izquierda, seguramente transmitirá tensión a la rienda izquierda. Como consecuencia, el retroceso tendrá efectos no deseados. Para corregir este defecto taloneo con el pie izquierdo la zona desalineada y alineo el caballo. Lo mismo haré en el caso de que sea la cadera la que provoque problemas.

En conclusión: si el caballo no retrocede recto debo detectar cuál es la parte del

Utilizo una pista de arena con cerco perimetral de madera o mampostería para que el caballo respete los límites.
Me sitúo en un extremo y me traslado al paso hacia el otro extremo. Al llegar al final le doy la orden de parada y luego retrocedo.

Foto: Archivo familiar.

LA ALIANZA | Adiestramiento del caballo basado en la confianza y el respeto

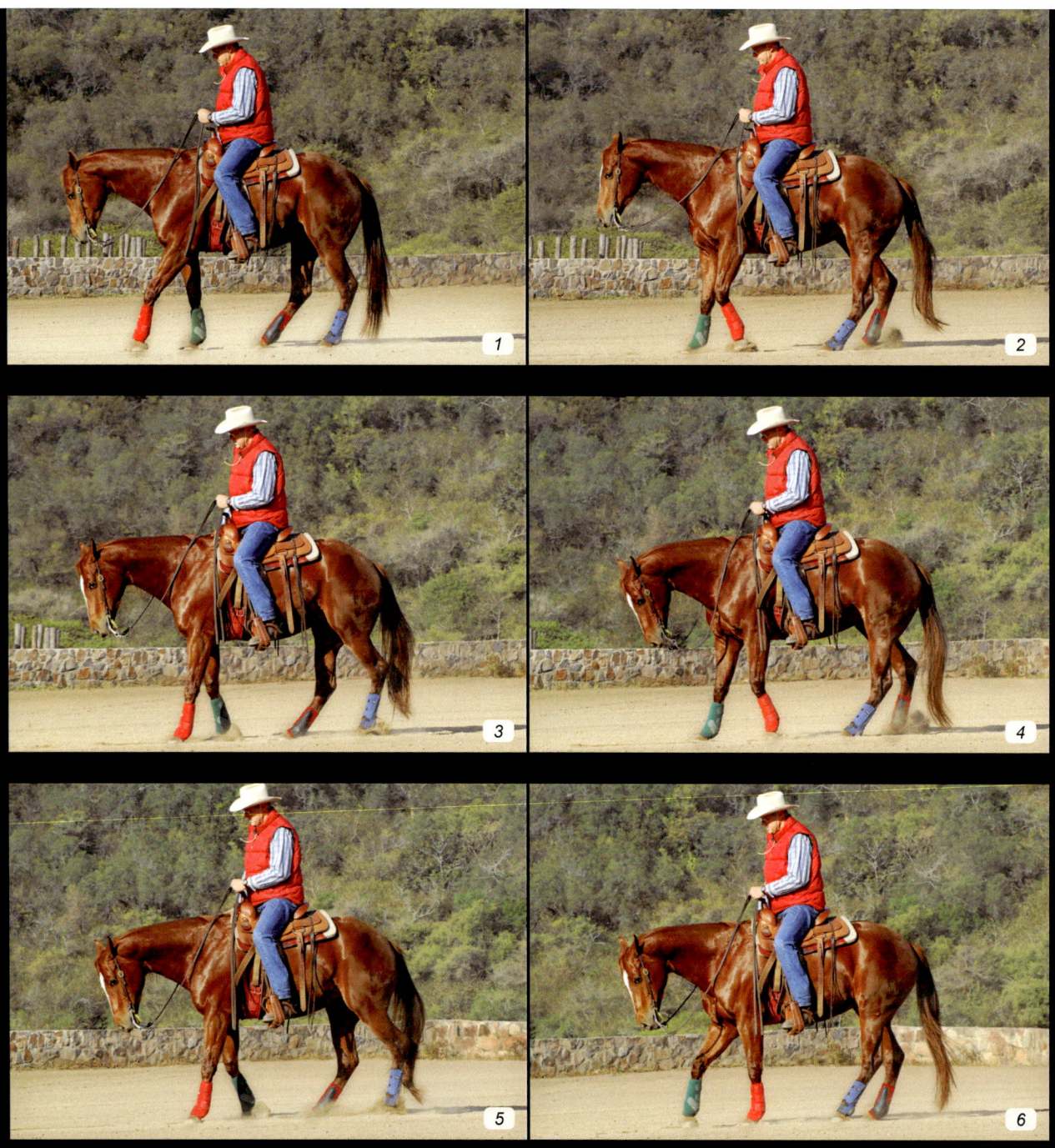

Secuencia de retroceso

Para iniciar el retroceso tenso ligeramente las riendas para dar la señal al caballo y me inclino hacia atrás. El caballo deberá retroceder. Si no lo hace o lo deja de hacer no debo incrementar la presión de las riendas; estas se mantienen igual.

Lo que debo hacer es incrementar la presión de los pies. El caballo cuando retrocede hace dos batidas cruzadas; mano izquierda asienta en el suelo simultáneamente con la pata derecha, luego lo hacen la mano derecha y la pata izquierda.

cuerpo que provoca problemas y corregirlo. Para ello le haré retroceder realizando la maniobra marcadamente contraria al error que deseo corregir. Así, por ejemplo si la cadera se desvía hacia la izquierda, le haré retroceder varias veces desviando la cadera hacia la derecha.

También es bueno ejercitar al caballo desviando la cadera hacia un lado y luego hacia el otro; para ello ejerzo presión con mis pies sobre las caderas del animal, guiándolo.

PARADA

Cuando hablo de paradas lo primero que pienso es en una boca sensible y esto resulta de un largo, lento y cuidadoso trabajo de flexión para ablandar y relajar el cuerpo del caballo.

Para lograr una parada correcta, el equino tiene que tener una conformación adecuada. Para obtener buenos resultados flexionaré la nuca y orientaré el hocico hacia abajo; la cara debe ir perpendicular al suelo. Para esto apretaré las piernas a ambos lados de las costillas pidiéndole que camine hacia adelante, luego le indicaré que pare diciendo «*whoo*». Si se detiene me relajo. Cuando el caballo se detiene correctamente sin necesidad de tirar de las riendas puede considerarse que está listo para la siguiente etapa.

Cuando el caballo ha comprendido el ejercicio de frenar al paso, estoy en condiciones de aumentar la velocidad, primero al trote y luego al galope. En esta fase lo trabajaré intensamente y cuando el mismo comience a manifestar signos de cansancio flexionaré la nuca, le daré la señal de «*whoo*» y esperaré a que frene. Es indispensable permitirle descansar para que se reponga y pueda memorizar lo enseñado.

Para una correcta frenada es importante que el caballo sepa flexionar todas las partes de su cuerpo. Asimismo, que la columna vertebral esté derecha, ya que cualquier desviación de la misma o una mala flexión de alguna parte del cuerpo provocará una frenada incorrecta o torcida.

Observando hacia dónde se desvía el caballo en la frenada descubriré la parte del cuerpo que está trabada o la que no flexiona correctamente.

Después de cada frenada acompañaré la maniobra haciendo retroceder al caballo dos pasos, completando este ejercicio arqueándolo hacia la izquierda o hacia la derecha. A continuación haré que camine hacia adelante y lo arquearé hacia los dos lados con el objetivo de conseguir una buena frenada.

La clave para una buena maniobra es su preparación.

En el caso de la frenada al galope, antes de detenerlo lo flexionaré longitudinalmente varias veces y cuando está arqueado desde la cabeza hasta la cola y la nuca no tiene tensión (flexionado) damos la orden verbal —*whoo*— y en el mismo acto aflojo las riendas y me relajo. Para obtener una buena frenada debo tener en cuenta que el tono de mi voz debe acompañar a la manera de liberar la presión con las riendas. Así, por ejemplo, cuando la orden verbal es suave, también las riendas deben aflojarse suavemente. Y cuanto mayor sea la velocidad a la que se desplaza el caballo, más suave debe ser la orden de frenar que imparte el jinete. De esta manera evitaré frenadas bruscas. En síntesis, la voz debe acompañar la velocidad con la que se mueven las manos.

Si la frenada es pobre o cruzada, espero a que el caballo se detenga completamente y luego lo corrijo. Si por ejemplo el caballo tiene trabada la cadera izquierda y se desvía hacia el mismo sentido, como consecuencia la paleta derecha se habrá desplazado hacia la derecha, equilibrando así al desplazamiento de la cadera. Presiono la misma con la pierna izquierda para conseguir mover la cadera izquierda hacia la derecha e inmediatamente la paleta del caballo se acomoda.

Cuando el caballo avanza acompaño el movimiento con la presión de mis talones ritmicamente. Para frenar dejo de presionar con mis piernas, las abro y las coloco hacia adelante, bajo mi mano y me relajo. Acompaño la señal inclinándome hacia atrás. El caballo, al dejar de recibir la presión que le ejercía, frena. Cuando lo hace le hago caminar hacia atrás uno o dos pasos, de tal manera que el mensaje será que cuando coloco mis piernas hacia adelante debe caminar hacia atrás, lo que implica que previamente debe frenar.

Tengo que estar atento también a que el caballo galope correctamente. El modo de detectarlo lo obtendré colocando las riendas encima de sus crines. Si se apoya sobre alguna de ellas, me está indicando que tiene algún problema. Si lo hace sobre la rienda izquierda me indica que la paleta de ese lado está inclinada; entonces debo colocar las paletas del caballo y para ello levanto verticalmente la rienda izquierda y acompaño con mi pie presionando detrás de la cincha. Realizo todas estas correcciones galopando el caballo de manera controlada y despacio, si no es imposible lograrlo.

Una buena frenada y una óptima parada requieren que el peso no esté colocado en la zona delantera y que el animal galope colocando los cuartos traseros debajo.

Si el caballo frena clavando las manos en el suelo y sus cuartos traseros no lideran el movimiento, lo que debo hacer es galoparlo agarrando ambas riendas de forma independiente, las cuales deberán ubicarse de forma vertical a mitad del cuello del animal. Ajusto fuertemente los talones detrás de la cincha y levanto mis manos; ante esta presión el caballo se verá obligado a hacer fuerza con sus cuartos traseros, trasladando su peso hacia atrás. Le doy la orden de frenar y simultáneamente quito la presión que ejercía.

Durante los primeros tiempos de la doma, para detener un caballo utilizo cuatro tipos de señales en este orden:

1.º Verbal, «*whoo*»
2.º Enseño al potro que cuando las espuelas ejercen presión detrás de la cincha (punto 1) debe parar. Al principio utilizo más las riendas que la presión de las espuelas. Luego aumento la presión de las espuelas y disminuyo la de las riendas, hasta que por último no utilizo las riendas sino únicamente las espuelas. A medida que el potro acepta la señal de las espuelas, la intensidad y el tiempo me servirán para frenar o bien cambiar el aire
3.º Tiro de las riendas
4.º Quito la presión que ejerzo con los talones y coloco los pies hacia delante, golpeo con ellos las paletas del caballo, presiono en los estribos y me relajo cuando el caballo se haya detenido

Con el tiempo el caballo empieza a descubrir que cuando se le dice «*whoo*» debe frenar. Cuando se detiene le hago retroceder uno o dos pasos; así comienza a relacionar «*whoo*» con frenar y caminar hacia atrás. Seguidamente me relajo y le dejo descansar para recompensarlo por haber obedecido la orden correctamente.

Para aplicar la tercera señal, tomo las riendas con las dos manos, las coloco a ambos lados de la crin y sin mover los brazos levanto las manos. Cuando el caballo comienza a frenar, inmediatamente quito la presión. No debo tirar demasiado de las riendas, pues si lo hago el caballo levantará la cabeza, se descolocará, no meterá sus patas debajo de su cuerpo y se habrá arqueado de manera inversa a lo que necesito para hacer una buena parada.

La cuarta señal es eliminar toda presión. Dejo de talonear el caballo, simultáneamente piso los estribos colocando mis piernas hacia adelante, me siento naturalmente y presiono el lomo del caballo. De esta forma le obligo a colocar las patas traseras debajo suyo y así consigo una buena frenada.

Para realizar el ejercicio de frenar no hay nada mejor que trabajarlo en una pista de arena con cerco perimetral de madera o mampostería para que el caballo respete los límites. Me sitúo en una punta y me traslado al paso hacia el otro extremo, y al llegar al final le doy la orden de parada. Una vez se ha detenido le quito la presión, le dejo descansar unos minutos, giro sobre las patas, nuevamente lo dejo que se relaje, y voy al paso hacia el otro extremo de la pista. Repito el ejercicio tantas veces como sea necesario hasta que el caballo lo ejecute correctamente. Luego voy avanzando al trote y al galope. Cuando aumento el aire de movimiento del caballo, lo haré partiendo al paso y después de haber recorrido una cierta distancia, al trote. (En el caso de hacerlo al galope lo inicio al paso, luego al trote y después al galope).

La orden debe ser clara; debe ser el jinete quien marque el ejercicio. En el caso de que el caballo se adelante, será necesario detenerlo y comenzar de nuevo; primero al paso, luego al trote y después al galope. El animal comprenderá que su trabajo será menor si lo hace bien. Es un excelente ejercicio de disciplina y obediencia al jinete.

Una vez que el equino incorpore la rutina, lo hará de forma obediente y disciplinada, frenará y meterá sus patas, y entonces habrá entendido las tres señales.

Otra técnica que utilizo para enseñar al caballo a retroceder y parar es la siguiente: le pido al caballo, que se encuentra inmóvil, que retroceda. Para esto tenso las riendas invitándolo a realizar la maniobra. No le obligo a que retroceda; para que inicie el movimiento le doy golpecitos con mis pies en las paletas. Si no retrocede aumento la intensidad de los golpes; es suficiente que él inicie el movimiento para levantarle la presión. No aumento la tensión de las riendas; el caballo debe aprender a realizar la maniobra sin tensión en las riendas. Cuando lo hace le dejo descansar. Paulatinamente le voy exigiendo en diferentes momentos que mejore la respuesta y aumente la cantidad de pasos a retroceder. Después el caballo responderá de forma inmediata a la posición de mis pies, que se sitúan próximos a sus paletas. En este caso lo hará sin que mis pies tengan contacto con las paletas, respondiendo de forma automática.

A partir de este momento inicio el ejercicio al paso actuando de la forma antes indicada. Consolidada la parada al paso, la puedo hacer al trote y por último la haré al galope. El caballo debe frenar siempre e inmediatamente caminar hacia atrás.

Una buena rayada es el resultado de un caballo entrenado que controla la velocidad a la que galopa. Cuando el caballo controla el galope puede incrementar paulatinamente la velocidad, meter las patas debajo de su cuerpo, bloquear el tren posterior y continuar caminando con las manos.

Rayada

El ejercicio de parada enseña al caballo a controlar el tren posterior.

En la secuencia de la rayada el caballo bloquea su posterior, manteniendo libre el tren delantero.

Como todos los ejercicios, debe iniciarse primero al paso, luego al trote y finalmente al galope.

En la rayada debo quitar la presión que ejerzo con mis piernas (punto 3). A continuación piso los estribos y sitúo mis piernas a la altura de las paletas del caballo; acompaño las señales diciendo «*whoo*». Mientras digo «*whoo*» lentamente, con igual velocidad recojo las riendas suavemente para rayar con buen estilo.

Pulo los últimos detalles de la frenada utilizando una cerca.

Dentro de la maniobra de rayada es importante mantener la alineación del caballo. A fin de controlar si este está alineado debo poner las riendas en el centro de la crin; si el caballo se desvía a la derecha o a la izquierda entonces es que no está alineado.

Si el animal tira hacia la izquierda recojo la rienda (izquierda) y empujo su hombro con mi pierna izquierda hacia la derecha. Continúo la acción antes indicada galopando a mano izquierda. Es importante no galopar rápido sino de forma lenta y controlada. Le digo «*whoo*» en esa posición y tras la rayada lo mantengo por unos minutos en la misma ubicación. Galopo en la dirección contraria. El objetivo es enseñarle a mantener la columna derecha; así no se desviará para ningún lado.

El caballo no podrá frenar correctamente si tiene todo el peso en sus manos. A fin de que frene bien deberá elevar su tren delantero y hundir profundamente sus ancas.

El caballo que anda con la cabeza baja y con su peso en las manos seguramente clavará su tren delantero para frenar en vez de frenar con sus patas.

Si el caballo clava las manos en el suelo y sus cuartos traseros no lideran el movimiento, debo corregir ese defecto. Lo galopo agarrando ambas riendas de forma independiente, las cuales deberán ubicarse de forma vertical en el medio del cuello del caballo. Ajusto fuertemente los talones detrás de la cincha y levanto mis manos. Ante esta presión el animal se verá obligado a hacer fuerza con sus cuartos traseros, trasladando su peso hacia atrás. Le doy la orden de frenar y simultáneamente quito la presión que ejercía.

Con este ejercicio consigo que la mayor parte del peso del caballo lo soporten las patas y sus cuartos traseros se sitúen debajo de su cuerpo y su lomo se levante curvado desde la cabeza hasta la cola. Esta posición favorece la frenada y el caballo rayará con las patas y las manos continuarán el movimiento hacia adelante acompañando la acción, produciendo una buena maniobra. Error que no debo cometer es tirar de las riendas excesivamente dado que entonces el caballo hundirá el lomo produciendo un efecto negativo. Necesito lo opuesto, o sea, que levante el lomo al arquearse.

Está de más decir que para poder realizar una buena rayada el caballo debe saber ceder a la nuca. Si lo hace, su columna vertebral se elevará, las ancas bajarán de forma natural y le facilitarán agarrarse con sus patas traseras mientras las delanteras continúan avanzando.

El largo de una rayada está relacionado con dos cosas. La primera con la velocidad en el momento de la frenada. Mientras mayor velocidad adquiera el animal antes del «*whoo*», más larga será la rayada. Y, cuanto más relajado esté, más natural y prolongada será la rayada. Los animales rígidos seguramente terminarán generando una boca sin respuesta y no rayarán.

LA ALIANZA | Adiestramiento del caballo basado en la confianza y el respeto

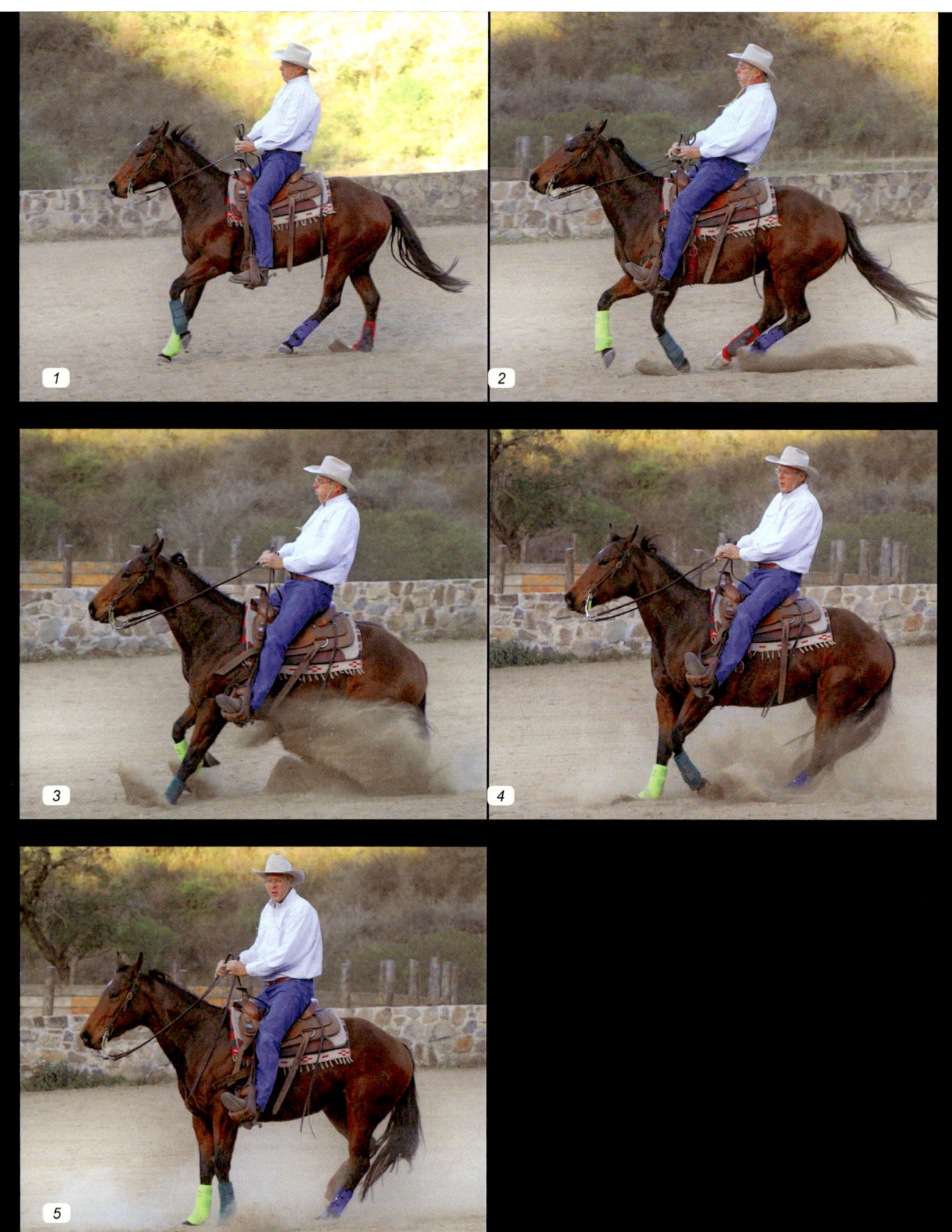

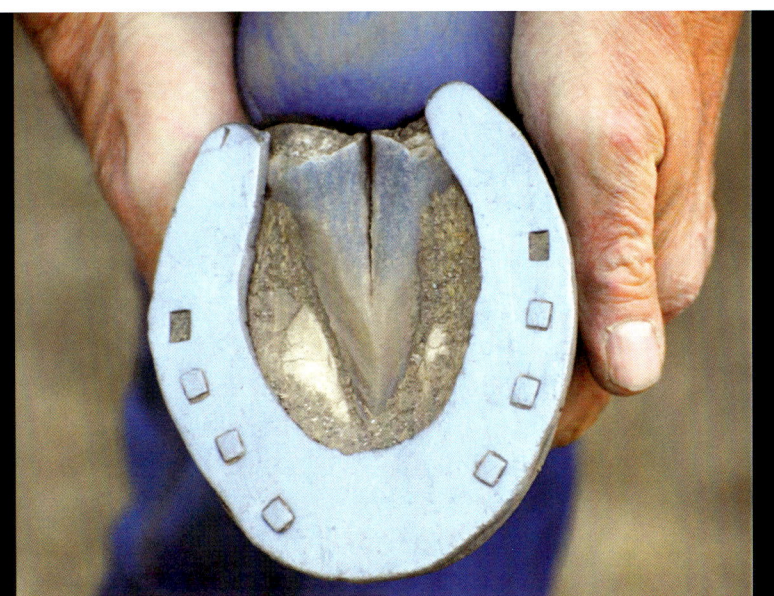

Para mejorar la rayada la herradura debe tener ambos extremos planos y abiertos, lo que al caballo le permite resbalar.

Se facilita cuando los talones de la herradura están abiertos. Si el caballo no está lo suficientemente preparado es conveniente cerrar levemente los talones; esto hace que la arena quede retenida y el efecto de resbalar sea menor.

Tras haber utilizado la cerca para enseñarle las maniobras básicas de rayada, para que el caballo se tranquilice le doy dos o tres vueltas por la pista a fin de que se olvide de frenar. Cuando le vuelvo a pedir que frene lo hago despacio; no quiero que anticipe la frenada, ya que seguramente terminará frenando con sus manos. Galopar libremente en la pista ayuda a eliminar parte del defecto de anticiparse.

La rayada es una maniobra de riendas que exige un gran esfuerzo por parte del caballo, motivo por el cual no debe utilizarse habitualmente. La insistencia reiterada de la rayada o el mal uso de la misma terminan deteriorando la calidad de la maniobra.

El trabajo con ganado ayuda a probar las aptitudes de rienda de un caballo. La monotonía del trabajo de entrenamiento la cortamos cuando trabajo al caballo

Control de la velocidad

Si el caballo no está enseñado tiende a descontrolarse cuando galopa. El control de la velocidad gira alrededor del lenguaje del cuerpo del jinete que ha enseñado y transmitido al caballo tranquilidad y disciplina. El control de la velocidad es crucial en cualquier disciplina ecuestre que requiera cambios de velocidad.

Algunos jinetes temen hacer correr a sus caballos por miedo a que se hagan difíciles de manejar. Normalmente esto sucede cuando los caballos han sido tratados indebidamente con las espuelas o las fustas.

Los jinetes deben controlar la velocidad, pudiendo aumentarla sin asustar o atemorizar al caballo. Cuando aumento la velocidad debo incrementarla suavemente. Lo mismo para disminuirla. Debo acelerar o desacelerar suavemente con control total de la montura.

En los caballos jóvenes, cuando disminuyo la velocidad es conveniente apoyar la pierna externa en el anca del animal manteniendo el posterior colocado correctamente para evitar que en el cambio de velocidad el caballo cambie la mano que lidera el galope.

El caballo posee una gran sensibilidad. Si percibe hasta una mosca que se le posa en su piel, con más razón sentirá las presiones del jinete, pudiendo leer el lenguaje de su cuerpo como un ciego el braille. Tiene una gran percepción; incluso del estado de ánimo o el humor de quien lo monta. Por eso es importante ser estable. Si se hacen cosas diferentes cada vez que se le pide algo, el caballo no podrá leer o interpretarme y se verá confundido y se enojará. Los caballos necesitan estabilidad.

Debo anticipar la maniobra que voy a realizar; de esta manera evito genera ansiedad al animal. El caballo aprende, por ejemplo, que antes de una partida a galope a mano derecha, con la rienda derecha suavemente marco la partida a dicha mano y luego presiono con el talón izquierdo para el inicio del galope. Con esto quiero decir que primero le aviso y luego presiono. También utilizo la voz para acompañar la orden de partir al galope; para esto le digo «galope». Esto hace que el caballo espere tranquilo y confiado las órdenes y evita que se adelante a mis peticiones.

Para animar al caballo a ir más rápido me inclino hacia adelante, piso los estribos, me levanto de la montura y la mano de la rienda la adelanto sobre su cuello. Al levantarme de la montura y pisar los estribos pongo más peso sobre el centro de gravedad del animal y esto le permite andar más rápido. No debo hacer nada que lo asuste, como clavarle las espuelas; un caballo que corre asustado no puede correr controlado. Siempre hay que colocar el cuerpo de la misma manera cuando se quiera aumentar o disminuir la velocidad.

Cuando quiero bajar la velocidad, me siento suavemente en la montura y apoyo la mano que controla las riendas en el cuello a la altura de la cruz y me relajo.

Continúo impulsándolo suavemente con mis talones, de lo contrario se frenará.

De esta manera el caballo asociará lo siguiente:
- Cuerpo levantado de la montura, inclinado hacia adelante y riendas hacia adelante: ir más rápido
- Cuerpo relajado, sentado en la montura, riendas en la cruz: bajar la velocidad

Un buen ejercicio para conseguir estos objetivos es dar la señal de aumentar la velocidad y hacer tres o cuatro círculos grandes y rápido. Luego sentarse en la montura, aflojar la tensión y hacer tres o cuatro círculos pequeños y despacio. A continuación repito el ejercicio. De esta manera el caballo aprende a ir a la velocidad que el jinete le imprime.

Cuerpo levemente levantado de la montura, inclinado hacia adelante y riendas hacia adelante: mayor velocidad.

Puedo cambiar el ejercicio haciendo círculos grandes a velocidad normal y, cuando se llega al centro, disminuyo la presión, le indico con la voz «*ham*» o «*isi*», o cualquier sonido similar. El caballo bajará por sí mismo la velocidad, pudiendo trotar o caminar (la idea es que camine). Lo debo hacer con movimientos suaves, luego lo llevo a hacer un círculo muy pequeño manteniendo la cabeza en la posición del círculo sin ayuda de la rienda interna. Se termina con un *spin* (giro sobre las patas) suave. Con el tiempo el caballo aprende que tras varios círculos grandes y rápidos, cuando se le dice «*isi*» debe bajar la velocidad continuar galopando y entrar solo en el círculo pequeño.

También hay que enseñarle el control de la velocidad en línea recta; esto es necesario para poder hacer una buena rayada. El caballo deberá aprender a aumentar la velocidad paulatinamente para que cuando raye lo haga en el momento en que está aumentando la velocidad, pues de ser así las manos delanteras estarán levantadas y sus patas, al impulsarlo para aumentar la velocidad, estarán debajo del mismo. El animal habrá adoptado una posición correcta para una buena rayada. En caso contrario, si la posición es la inversa, las manos estarán clavadas hacia adelante y las patas levantadas, el caballo no podrá rayar y se frenará bruscamente.

Utilizo también el control de la velocidad para el cambio de mano. Para esta acción bajo la velocidad, se lo indico al caballo mediante la señal convenida y él reducirá la velocidad. Luego presiono con la pierna interna para desplazar el anca y él cambiará la mano.

Cuerpo hacia atrás, relajado, sentado en la montura, riendas en la cruz: disminuir la velocidad.

El buen asiento del jinete sobre el lomo del caballo ayuda al control y manejo del animal principalmente cuando galopa. El asiento presiona el lomo del caballo y los movimientos de la cintura del jinete hacia delante marcan el ritmo del galope.

El caballo gira y bloquea sus cuartos traseros, una de las patas funciona como pivote y la otra gira sobre esta, las manos marcan un círculo perfecto, la mano exterior pasa delante de la mano interior del caballo. El caballo hace el ejercicio relajado y sin tensión en las riendas.

Giros a 180 y 360 grados

Ambos ejercicios están relacionados. Un *rollback* es medio *spin,* es decir un giro de 180° sobre las patas, mientras que un *spin* es un giro de 360°.

Antes de comenzar con estas maniobras es importante que el caballo sepa seguir la rienda con su hocico, lo que debe hacer en ambas direcciones. ¿Qué quiero decir con esto? Que tan pronto como tense la rienda el caballo gire suavemente su cabeza en dirección a la rienda que se tensa.

También debo tener control sobre sus costillas y paletas. No comienzo estas maniobras si el caballo no frena o retrocede correctamente. No hace falta que sepa hacer una buena rayada, pero sí que esté bien seguro de la maniobra. El caballo debe poder frenar y retroceder antes de exigirle un *rollback*, y debe saber hacer este ejercicio (*rollback*) correctamente antes de pedirle un *spin*.

ROLLBACKS O GIROS A 180 GRADOS

Un *rollback* es un cambio estático (sin movimiento) de dirección sobre las ancas. Así, el caballo bloquea sus cuartos traseros, una de sus patas funciona como pivote y la otra gira sobre esta.

Introduzco el *rollback* haciendo que mi caballo siga con el hocico la rienda cuando la acorto hacia la derecha o la izquierda. Es un concepto simple que el caballo debe aprender antes de seguir con el entrenamiento.

Si el caballo se bloquea y no mueve sus manos, lo aliento taloneando las costillas con mi pierna externa para conseguir que su cuerpo persiga a su hocico.

Utilizo el corral redondo para enseñarle esta maniobra. En este caso el corral actúa como un límite que el caballo debe respetar y le obliga a meter los cuartos traseros debajo de su cuerpo.

Comienzo trotando hacia el lado izquierdo —por ejemplo— y tras haber realizado varias vueltas tiro de la rienda externa contra la pared del corral. El caballo meterá sus patas debajo suyo y girará en sentido contrario. No debo forzarlo; me ayudo taloneándolo con el pie izquierdo para que se desplace hacia la derecha. La idea es combinar el que el caballo gire y avance hacia adelante; esta es la clave que lo prepara para ejecutar una buena maniobra. Cuando el caballo comienza a realizar correctamente la maniobra le quito la presión.

Un buen ejercicio es: primero troto, hago un *rollback* hacia el exterior alternado con otros hacia el interior, y posteriormente salgo al galope. Luego troto, sigo con un *rollback*, salgo al galope y así continúo. Otra variación que puedo incorporar es hacer un giro de 360 grados en vez del *rollback*. Todo esto hace que el caballo trabaje relajado, no se anticipe y controle su velocidad.

Finalizado el trabajo en el corral redondo, paso a trabajar en la pista. Para esto comienzo pidiéndole que retroceda un paso, para que el caballo meta sus patas debajo de él y que sus manos se muevan con más libertad.

Para hacer un *rollback* a la izquierda, tomo la rienda de ese lado, la coloco en medio del cuello de forma vertical y la derecha la llevo hacia la paleta del caballo mientras que con el pie izquierdo lo presiono simultáneamente detrás de la cincha. Luego quito la presión del pie izquierdo y presiono con el pie derecho detrás de la cincha (punto 3) y con la rienda izquierda apunto el hocico del caballo para que gire 180 grados. Cuando empieza a girar quito la presión de las riendas y continúo empujando con mi pie derecho el cuerpo del animal para que complete el giro.

Debo conseguir que el cuerpo del caballo se balancee sobre sí mismo lo más recto

LA ALIANZA | Adiestramiento del caballo basado en la confianza y el respeto

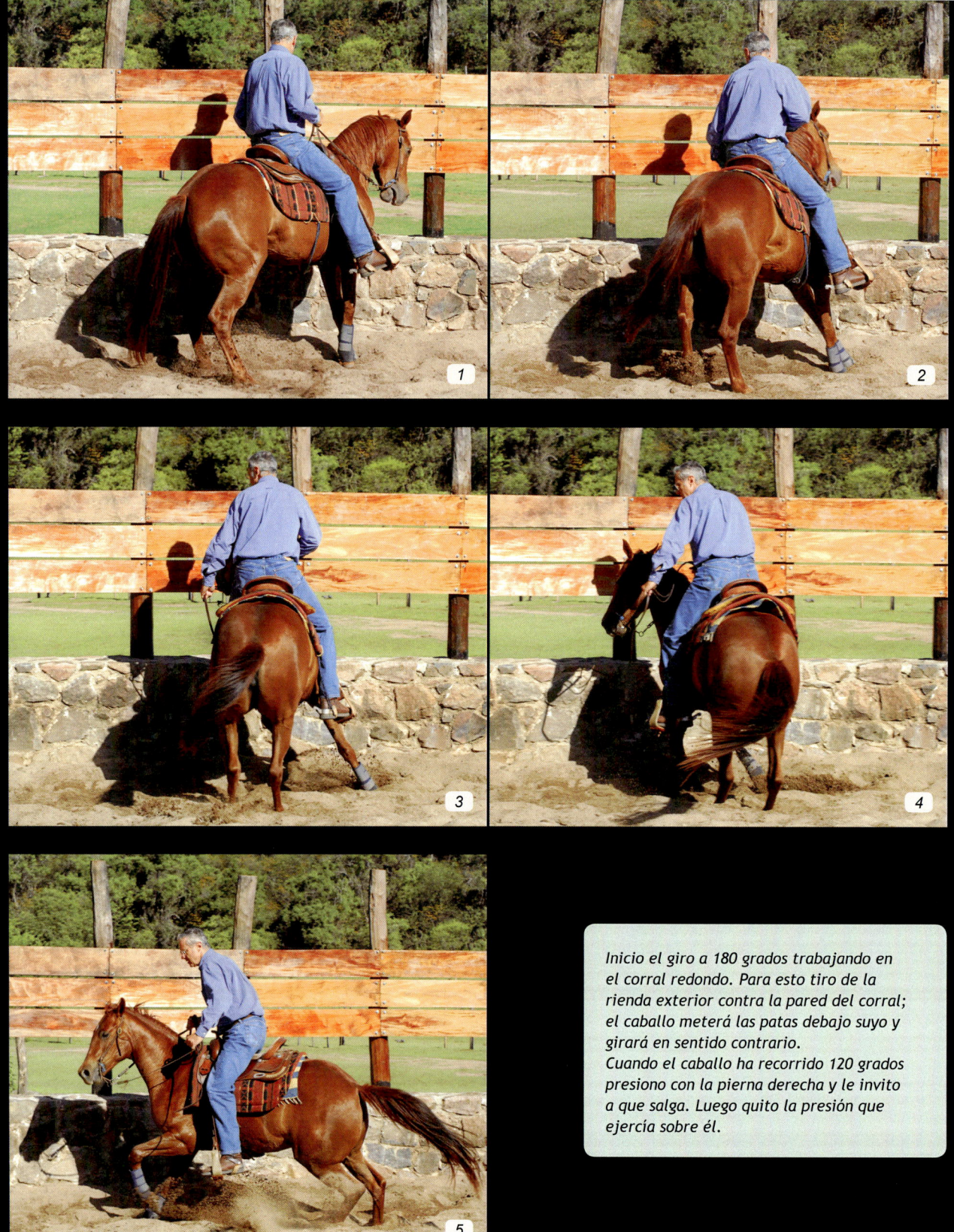

Inicio el giro a 180 grados trabajando en el corral redondo. Para esto tiro de la rienda exterior contra la pared del corral; el caballo meterá las patas debajo suyo y girará en sentido contrario.
Cuando el caballo ha recorrido 120 grados presiono con la pierna derecha y le invito a que salga. Luego quito la presión que ejercía sobre él.

posible y no apoyado en torno a mi pierna interna o en la externa.

Cuando tiro de la rienda a la izquierda, el caballo orienta su hocico hacia el mismo lado, mientras que la pata izquierda permanece estática, haciendo de pivote. Los otros miembros inferiores (patas y manos) giran a su alrededor. La mano izquierda del equino inicia el movimiento, luego le sigue la otra mano, y por último lo hace la pata derecha. Debo tocar con mi talón el costado izquierdo del caballo para desplazar las costillas hacia la derecha del mismo, colocándolas fuera de la línea recta del animal. Esto me permite que la mano interior —en este caso la izquierda— y la paleta de ese mismo lado lideren el movimiento del caballo. Luego mi pierna derecha presiona detrás de la cincha para completar el movimiento hacia el lado izquierdo del giro.

Cuando consigo el movimiento hacia la izquierda, completando los 180 grados, me relajo y quito toda la presión que he ejercido. Inmediatamente después camino hacia delante y continúo sin realizar ninguna presión.

Camino en línea recta, tiro del hocico hacia la derecha, hago un giro y luego caminamos en línea recta nuevamente. Hago lo mismo hacia la izquierda. Este ejercicio hace al caballo extremadamente suave o sensible en la boca.

Cuando el caballo ha entendido todos estos movimientos al paso continúo con el trote y luego el galope.

En el caso de que el caballo frene y se incline hacia la derecha, ejecuto un *rollback* hacia la izquierda y luego galopo en dirección contraria hasta llegar al extremo de la pista. Repito otro *rollback* hacia la izquierda, haciendo esto varias veces hasta que el animal frene perfectamente. Cuando consigo el ejercicio, lo freno, lo detengo varios minutos y me siento en la montura. El caballo asocia que voy a ejecutar un *rollback* hacia la izquierda, pero hago lo opuesto, es decir, realizo el *rollback* pero en este caso hacia la derecha. Esta práctica logra que el animal esté atento a los comandos y así evitar que se anticipe a cada maniobra.

Al comienzo hay que tener cuidado de no ser reiterativo con los ejercicios, evitando que el caballo empiece a adelantarse en ellos o se aburra y por eso es positivo variar.

No debo dejar que el caballo se abalance a la salida del *rollback*; debe partir a galope tranquilo.

Cuando el caballo comienza a ser más hábil y estar atento a los comandos, cambio la manera de ejecutar la maniobra. Ahora necesito que esté derecho, levemente curvado hacia el interior del *rollback*. En esta etapa, para perfeccionar el ejercicio dejo de presionar con mi pierna interna; entonces el hocico y cuerpo se encuentran contenidos entre las riendas.

Si el cuerpo del caballo se encuentra excesivamente curvado, en forma de C, es posible que el animal salga después del *rollback* al trote y la mano externa lidere el movimiento y cuando parta al galope lo haga con la mano equivocada, lo cual representa un inconveniente.

Cuando las paletas están ligeramente derechas entre las riendas, la mano interna lidera el movimiento del caballo. En este caso el *rollback* resulta un movimiento limpio y el caballo sale fácilmente al galope y lo inicia con la mano correcta.

En el *rollback*, uso mis piernas lo necesario para enderezar el animal; el movimiento lo realizo con mis manos.

LA ALIANZA | Adiestramiento del caballo basado en la confianza y el respeto

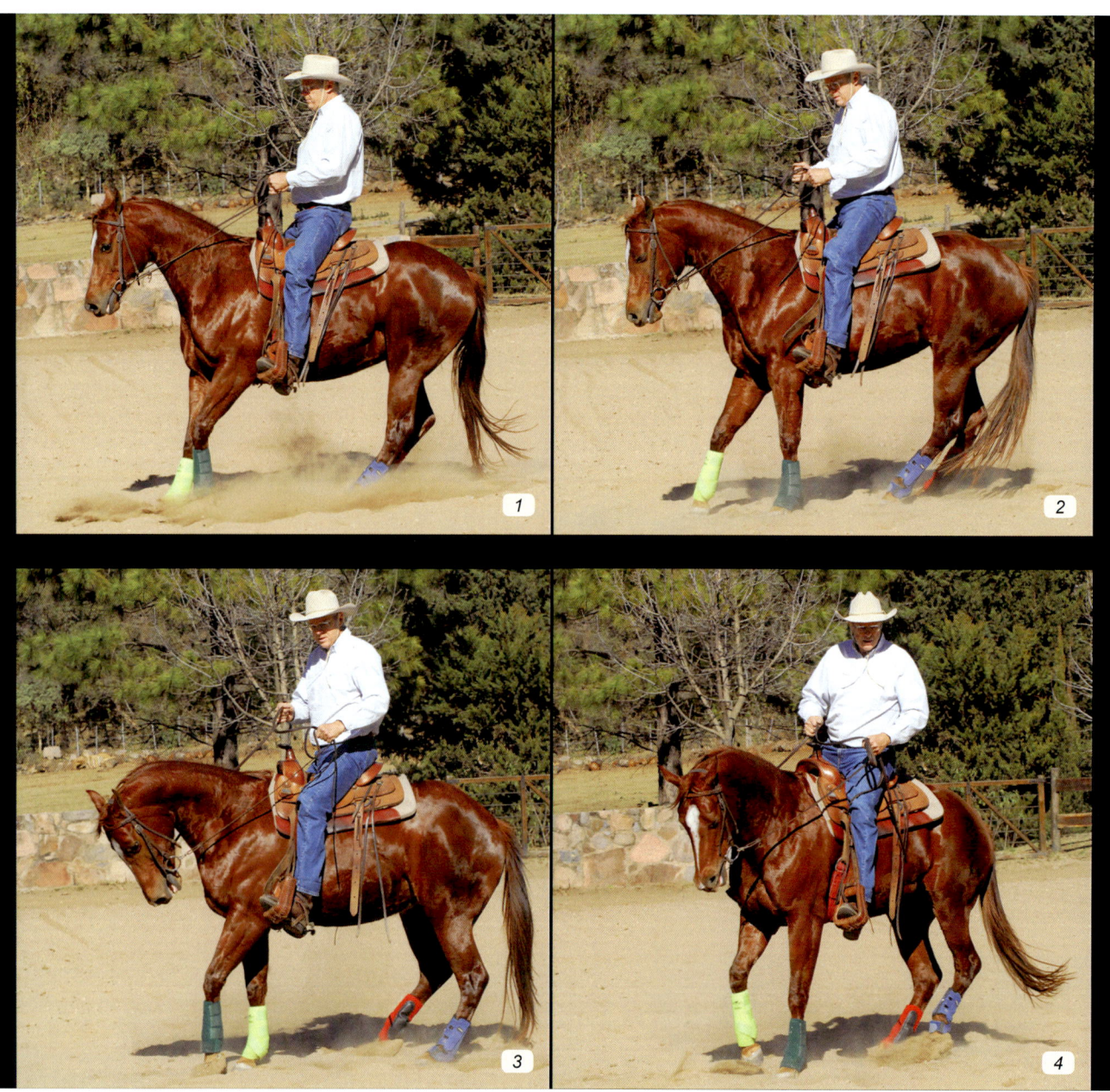

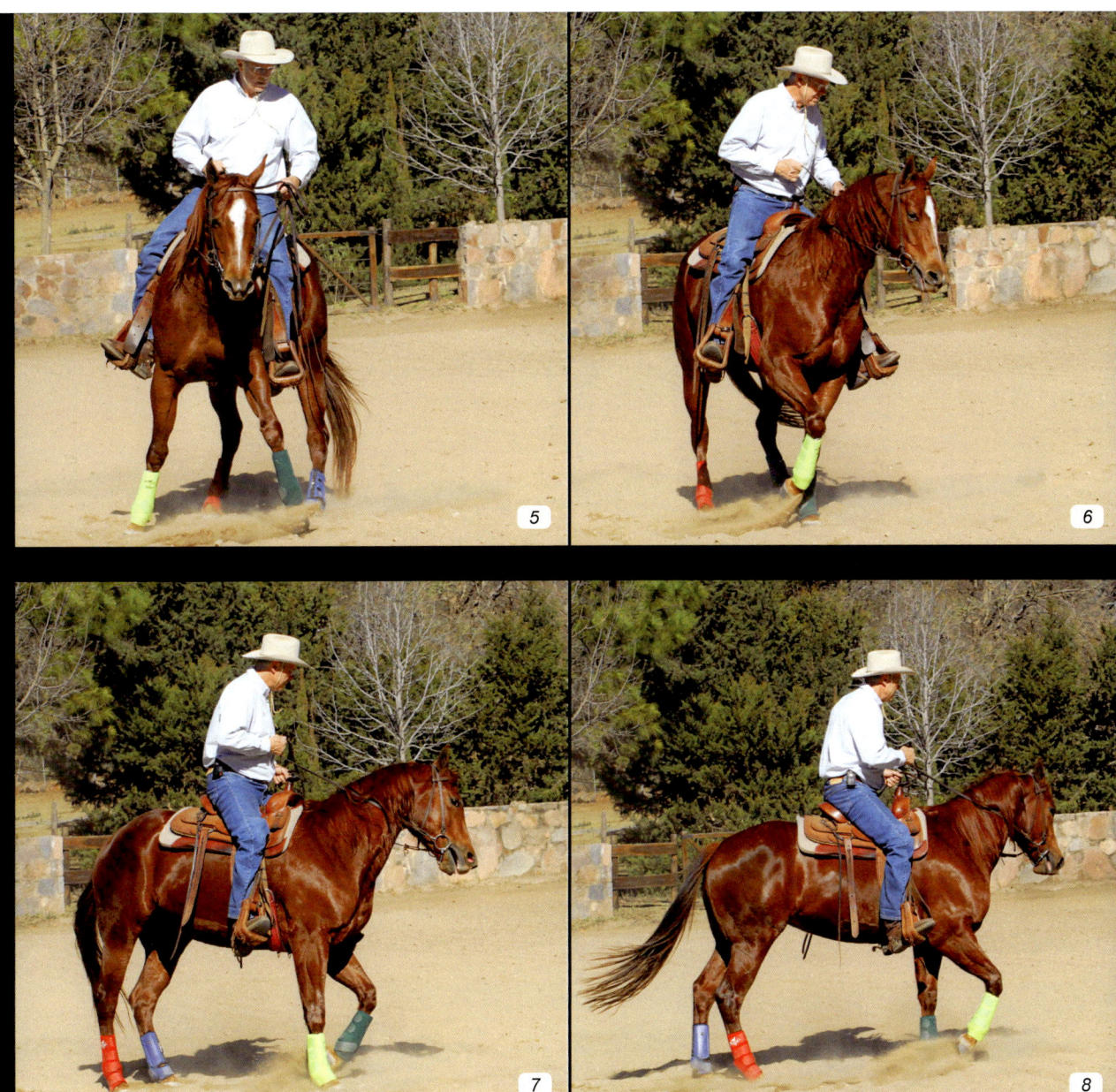

Giro a 180 grados o rollbacks

El caballo frena, mete sus posteriores debajo de su cuerpo, se equilibra e inicia el giro con la mano izquierda. La interior inicia el movimiento, luego le sigue la mano derecha y por último lo hace la pata derecha.

LA ALIANZA | Adiestramiento del caballo basado en la confianza y el respeto

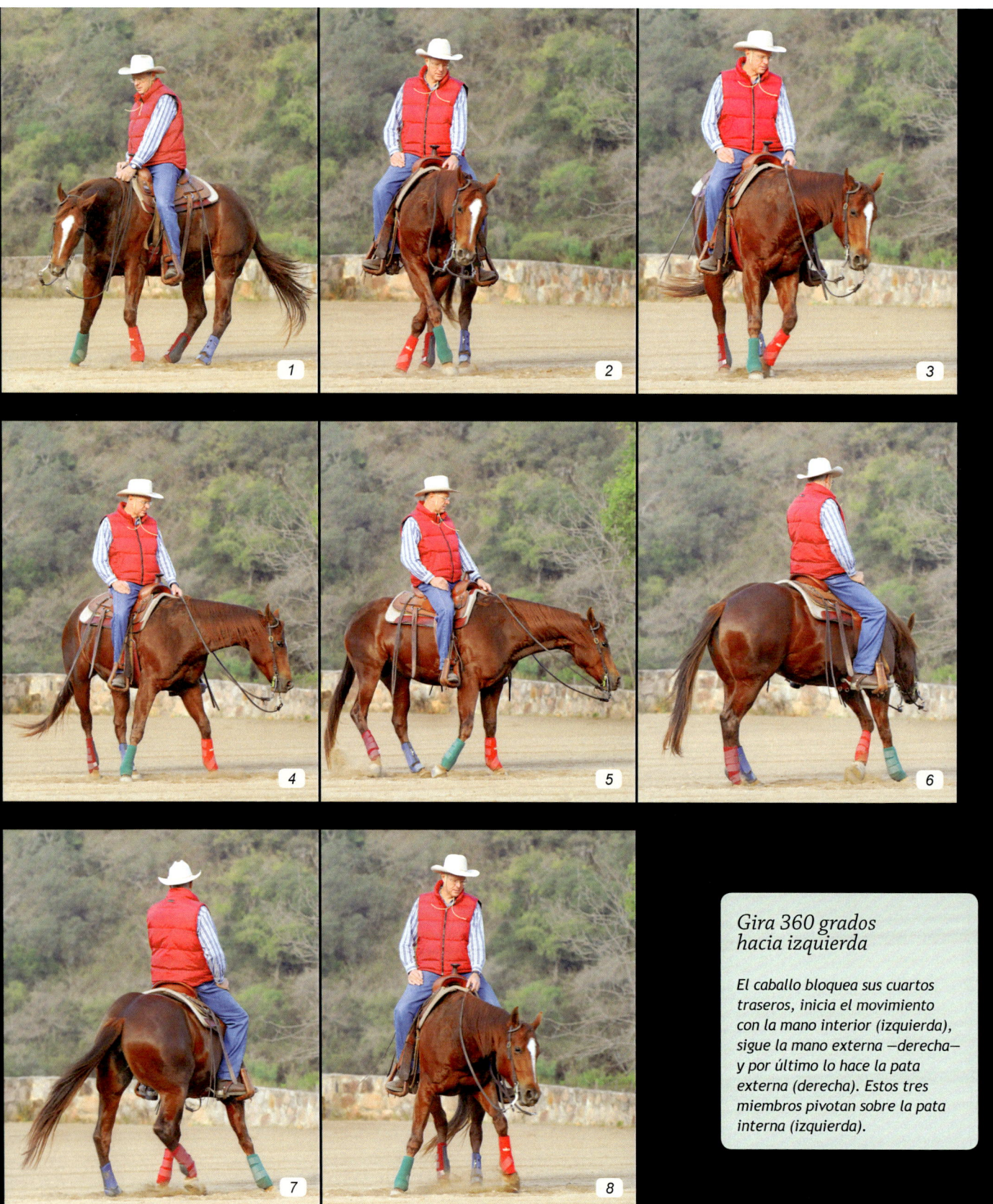

Gira 360 grados hacia izquierda

El caballo bloquea sus cuartos traseros, inicia el movimiento con la mano interior (izquierda), sigue la mano externa —derecha— y por último lo hace la pata externa (derecha). Estos tres miembros pivotan sobre la pata interna (izquierda).

SPINS O GIROS A 360 GRADOS

Después de que el caballo ejecute correctamente el *rollback* comienzo con el ejercicio del *spin*.

El *spin* es un giro completo de 360 grados, en el cual el caballo gira sobre su pata interior, la cual permanece inmóvil, mientras que las tres restantes ejecutan los movimientos de giro.

El caballo debe hacer este movimiento para ambos lados con igual precisión.

Antes de pedirle que realice los giros a 360 grados, lo ejercito describiendo círculos de cuatro o cinco metros de radio y comienzo a reducirlos. Primero al paso y luego al trote. Cuando trabajo al trote hacia el lado izquierdo, tomo la rienda con ambas manos y la exterior —derecha— la apoyo contra el cuello del caballo, luego tiro suavemente de la rienda izquierda para que flexione el hocico hacia ese lado, para después presionar con la pierna derecha detrás de la cincha. Con estas señales consigo que el animal se desplace lateralmente. Comienzo a notar que cada vez que efectúo estas señales, él inmoviliza la pata interna y comienza a mover las manos de forma lateral. Cuando realiza estos movimientos levanto la presión y comienzo nuevamente para que ejecute los movimientos rítmicamente.

Tan pronto como el caballo ha entendido estos ejercicios, cierro el círculo e inicio los movimientos para realizar el *spin*. Así, por ejemplo, si lo trabajo hacia la izquierda, repito las señales que acabo de describir. Tomo la rienda exterior —derecha— la apoyo contra el cuello del caballo y avanzo tirando suavemente de la rienda izquierda para que flexione el hocico hacia ese lado, luego presiono con la pierna derecha detrás de la cincha. Al ejercer presión sobre estos tres puntos, lo obligo a desplazarse hacia la izquierda y a girar sobre su pata izquierda, describiendo así la figura del *spin*. El movimiento del *spin* se inicia avanzando con la mano interior; le sigue la mano exterior, que deberá cruzarse delante de la otra mano, para que finalmente la pata exterior acompañe el movimiento iniciado por las manos.

Finalizado el *spin*, no debo frenar al caballo; debo continuar caminando en círculo con él flexionado. Repito el ejercicio, siempre para el mismo lado.

Cuando el animal consigue hacer bien estos movimientos puedo comenzar a enseñarle a girar hacia la derecha y ejercitarlo de forma inversa.

Para que el caballo no se acostumbre a realizar el ejercicio de forma automática, modifico el orden. Describo círculos hacia la izquierda y finalizo ejecutando el *spin* hacia la derecha. Esto lo hago para evitar que se adelante a lo que le pido.

Es importante que el animal tenga flexionado el hocico en dirección al interior del *spin*, y que la costilla se encuentre desplazada hacia el exterior, pues esto permite que la mano interior quede liberada y pueda iniciar el movimiento, así como mantener el movimiento rítmicamente. La cadera deberá desplazarse hacia el interior para permitir que la pata interior actúe de pivote. En caso contrario, si la cadera se desplaza hacia el exterior, será la pata exterior la que funcionará como pivote y la interior la que efectuará el movimiento.

Cuando el caballo inicia el giro debo aflojar las riendas y hacerle que continúe con el ejercicio mediante señales verbales. Si quiero aumentar la velocidad, si no responde a las señales verbales, golpeo enérgicamente con mi pierna detrás de la cincha de forma reiterada. Eventualmente, para incrementar la velocidad golpeo la paleta exterior, aunque esto no es muy aconsejable porque lo asusta.

En el movimiento del *spin*, mientras la costilla controla la mano interna, las paletas controlan la mano externa, de tal manera que, si las paletas están altas, la mano externa tendrá movimientos cortos y cortados. Por el contrario, si estas están bajas la mano externa tendrá movimientos laterales amplios y rítmicos. Cuando todo está correctamente colocado, las costillas desplazadas ligeramente hacia el exterior y las paletas hacia el medio, ambas manos del caballo avanzarán con amplitud y rítmicamente.

Inicio el *spin* haciendo un paso hacia adelante; no tiro de las riendas hacia atrás. Cuando camino hacia delante consigo que el caballo mantenga baja la cabeza y el cuello. Esta es la posición que quiero que tome para que haga un buen *spin*. Le permitirá hacer los giros sin perder el equilibrio y tendrá cadencia.

De lo contrario, si tiro de las riendas hacia atrás el efecto será el opuesto: el caballo levantará el cuello y la cabeza y los cuartos traseros se hundirán. En este caso, cuando quiera hacer el *spin* perderá el equilibrio natural, se quedará desalineado, avanzará con pasos cortos y se moverá sin cadencia.

Para mejorar en este ejercicio, continúo ejercitándolo en círculos a la derecha. Freno, y en vez de describir un círculo hacia ese lado, cambio y lo hago hacia la izquierda. Esto hará que si el caballo está desnivelado en las paletas, estas se nivelen y aumente la sensibilidad en la boca. Luego hago círculos hacia la izquierda, freno y *spin* hacia la derecha.

Para frenar al caballo en el *spin* utilizo la señal verbal de «whoo». Si el caballo no se detiene, lo castigo girando en sentido contrario. Para frenarlo no debo tirar de las riendas porque lo desequilibro.

Si el caballo al hacer el *spin* clava erróneamente la pata exterior, lo que hago para corregirlo es galoparlo en círculo cerrado a la mano correcta. Cierro el círculo, apoyo mi pierna en el lado exterior y libero la presión interior que ejercía con mi pierna. La rienda externa la apoyo en el cuello del caballo y tiro con la rienda interna en la dirección en la que quiero realizar el *spin*. Inicialmente efectúo pequeños giros de uno o dos pasos; tan pronto como el caballo domine la maniobra voy incrementando hasta completar los 360 grados del *spin*. Salgo de este ejercicio galopando a la mano correcta. No utilizo la espuela para forzarlo porque lo único que conseguirla sería asustarlo. Debo enseñarle para que comprenda lo que le pido.

Otra manera para enseñarle a hacer *spin* o para corregir problemas de inclinación indebida de paleta es practicar el ejercicio cinco: tomo las riendas con ambas manos, describo un círculo a la izquierda, la rienda izquierda la coloco de forma perpendicular en medio del cuello del caballo, con la pierna izquierda empujo detrás de la cincha con fuerza para obligarlo a curvarse y desplazar el posterior hacia el exterior, la rienda derecha la coloco en dirección a mi pierna derecha; esto me permite guiarlo para que no se salga del círculo. Describo un círculo de cuatro metros de diámetro como máximo. De forma simultánea lo presiono y cuando el caballo se arquea levanto la presión. Continúo haciendo el ejercicio. Después de haber realizado varios círculos, él bajará la cabeza, se relajará y continuará describiendo el círculo sin necesidad de guiarlo; entonces se encontrará en posición correcta para hacer el *spin*. Freno y con igual posición de piernas y mano le pido que comience a girar a la izquierda y en el mismo momento levantaré la presión que ejercía con la pierna izquierda y presionaré con la pierna derecha detrás de la cincha. Con la rienda izquierda dirijo el hocico del caballo hacia el sentido del *spin*. Lo dejo que gire y si se sale del *spin* le doy una pequeña ayuda y lo dejo. Después de haber trabajado para un lado lo haré para el otro.

Tras practicar el ejercicio anterior sigo con el ejercicio seis; ahora describiré un círculo de igual diámetro pero con el caballo arqueado al revés. Haré un círculo a la izquierda. Tomo la rienda derecha, la coloco de forma perpendicular en medio del cuello del caballo, con la pierna derecha empujo detrás de la cincha con fuerza para obligar al caballo a curvarse y desplazo el posterior hacia el exterior, empujando con mi pierna izquierda lo más atrás posible. La rienda izquierda la coloco en dirección a mi pierna izquierda; esto me permite guiarlo para que no se salga del círculo. Describo un círculo de cuatro metros de diámetro como máximo. Continúo haciendo el ejercicio. Después de haber realizado varios círculos, el caballo bajará la cabeza y se relajará. Lo freno y con igual posición de piernas y mano le pido que comience a girar hacia la derecha y al mismo tiempo levanto la presión que ejercía con mi pierna derecha y presiono con mi pierna izquierda detrás de la cincha; con la rienda derecha dirijo el hocico hacia el sentido del *spin*. Lo dejo que gire y si se sale del *spin* le aplico una pequeña ayuda y lo dejo. Cuando el caballo termina el ejercicio seis su paleta se queda perfectamente colocada para realizar el *spin*. Después de haber trabajado para un lado lo ejercito hacia el otro.

El error que se puede cometer y que hay que evitar es olvidar que la rienda externa debo apoyarla en el cuello del caballo; esto es lo correcto. No debo cruzar la rienda exterior y pasar mi mano hacia el lado interior. Esta tensión provocaría que la cabeza del caballo apuntara hacia el exterior, cuando lo que pretendo hacer es lo contrario. En consecuencia, no debo tensar la rienda exterior en exceso.

*El caballo de rienda es extremadamente manso.
El jinete puede controlarlo constantemente.
Realiza todos sus movimientos poniendo el mayor
esfuerzo, con su mejor predisposición,
para el trabajo, dando todo de sí.*

Bartolomé Carlos Minetti

Maniobras a realizar en los esquemas de rienda

Defino el caballo de rienda como el animal al que, además de guiar correctamente, puedo controlar en todos y cada uno de sus movimientos.

El caballo de rienda es extremadamente manso. El jinete siempre puede controlarlo, y él realiza todos sus movimientos poniendo el mayor esfuerzo, con la mejor predisposición para el trabajo, dando todo de sí.

Describo a continuación los movimientos que, combinados, contiene cada uno de los esquemas de las pruebas de rienda:

- **Entrar caminando.** El entrar caminando implica conducir al caballo desde la portera de la pista hasta el punto desde donde comienza un esquema. El caballo debe trabajar relajado y tranquilo. Cualquier acción que pueda crear la apariencia de intimidación incluyendo arrancar y parar, o *«checking»* (tirar de las riendas una y otra vez para mantener la atención del animal) es una falta que debe ser puntuada negativamente en la primera maniobra de acuerdo a la severidad de la misma. Todas las maniobras en las pruebas de rienda se realizan al galope.

- **Línea recta y «redondeadas».** Galopar en línea recta implica un galope rápido a lo largo del medio de la pista, o paralelo a las bandas, alejado seis metros de la valla. Dicho recorrido continúa a través de la cabecera de la pista en forma de medio círculo o «redondeada». Los galopes en línea recta y las «redondeadas» deben demostrar control del caballo y de la velocidad, incrementándose de forma gradual hasta la rayada. En la línea recta se debe mantener «entre las riendas» (ser capaz de hacer una recta sin la ayuda de las mismas). En una línea recta el caballo no debe moverse hacia un costado u otro, manteniendo la línea recta perpendicular hacia la valla o pared a la que se dirige y no hacerlo en diagonal. Siempre debe mantenerse a la mano correcta.

Excelente rayada de la yegua. Blue ha arqueado su lomo, coloca su posterior debajo suyo en posición trabada, se desliza sobre sus patas traseras como si resbalara, manteniendo su movimiento hacia adelante por impulso de la velocidad del galope, sin perder los cuartos traseros contacto con el suelo. Las manos continúan en movimiento, hasta detenerse totalmente con suavidad. La maniobra ha sido realizada de forma relajada y sin tensión, las riendas sueltas. La señal que se le dio fue colocar los pies hacia adelante y relajarse acompañado de la palabra «whoo».

Foto: Archivo familiar.

Foto 1:
Bar Minesota. Campeona Hembra Registro Cruza II Exposición CCCM Córdoba (17.5.97). Presentada por Inés Minetti.

Foto 2:
Pecom Speed Golosa II .Exposición CCCM Córdoba (17.5.97). Presentada por María Minetti.

- **Círculos.** Los círculos son maniobras al galope, de tamaño y velocidad variables. El caballo debe demostrar que trabaja controlado, con deseo de ser guiado, y que lo hace a una velocidad controlada por el jinete sin dificultades. Los círculos deben ser ejecutados en el área de la pista que se indica en la descripción del esquema y tener un punto céntrico en común. Debe haber una diferencia clara entre los círculos pequeños y los grandes, tanto en tamaño como en velocidad, los grandes rápido y los pequeños despacio. Las dimensiones de los círculos a mano derecha o izquierda deben ser similares en tamaño y velocidad.

    Utilizo la pierna detrás de la cincha para evitar que el caballo se incline hacia el interior del círculo y la pierna externa detrás de la cincha lo más atrás posible para mantener el anca hacia adentro. Se impulsa con la pierna externa. Cuando se realizan círculos grandes y rápidos, hay que impulsar al caballo al inicio del círculo tras haber recorrido un cuarto del mismo. Si hay que hacer otro círculo rápido, volver a impulsarlo (de ser necesario) después de pasar el centro. Esto evita que el caballo busque cambiar de mano o dirección en el centro como consecuencia de la impulsión. Cuando se va a efectuar un cambio de mano, se debe realizar una recta y se cambia la mano cuando se pasa por el centro de la pista. De esta forma, se cambia de mano en línea recta y no con el caballo volcado hacia el interior del círculo que se va a describir. Así, el círculo pasa a ser una «D».

- **Cambios de mano.** Es el acto de cambiar la mano y la pata que van «marcando» el galope del caballo. El cambio de mano debe ser ejecutado al galope sin modificar el andar o la velocidad en la posición exacta de la pista que se especifica en la descripción del esquema para evitar recibir una penalidad.

- **Rayada.** Antes de rayar, el caballo que está al galope incrementa su velocidad, arquea el lomo, coloca su posterior debajo del mismo en posición trabada y se desliza sobre sus patas traseras como si resbalara, manteniendo el movimiento hacia adelante por impulso de la velocidad del galope, sin que los cuartos traseros pierdan contacto con el suelo. Las manos continúan en movimiento hasta detener totalmente y con suavidad al caballo.

- *Rollbacks*. El caballo, galopando en línea recta aumenta suavemente su velocidad, efectúa una rayada, gira sus paletas 180 grados. El giro lo hace sobre los cuartos traseros, clava la pata interna en sentido del giro, y la otra pata, o sea la externa, acompaña el movimiento, partiendo luego a galope suave. El reglamento dice no tranquilizar, pero una leve pausa para recobrar pie o equilibrio no debe ser considerada falta. El caballo no debe dar pasos hacia delante o recular antes de hacer un *rollback*.

- *Spins*. El *spin* es un giro de 360°, ejecutado sobre una pata inmóvil (interna). El posterior se determina al comienzo del *spin* y se mantiene en el mismo lugar durante los *spins*. La propulsión para el *spin* se ejecuta con la pata externa y con las manos del caballo.

- **Retroceso**. Al igual que en el *rollbacks* el caballo viene galopando en línea recta, aumenta suavemente su velocidad, efectúa una rayada, y por último realiza un movimiento de retroceso en línea recta, que debe ser mayor de tres metros.

- **Tranquilizar**. Es el acto de demostrar la habilidad del caballo para quedarse parado de una manera relajada en un momento designado en el esquema. En este caso, el caballo debe permanecer inmóvil (sin movimiento de avance, hacia adelante, o hacia atrás, o al costado) y relajado. Todos los esquemas en algún momento requieren tranquilizar el caballo para demostrar al juez la finalización del mismo.

Bar Chic Alpatauca (hija de A Smart Zan Parr y de Pecom Le Argel). Primer puesto dos años consecutivos 2009 y 2010. Western Pleasure Abierta Junior Exposición de Tandil.

Bingos Blue (hija de Itsa Bingo Greyhound y de Mico•s Blueberry). Primer puesto Western Pleasure Camp. Nac. Tandil 2008, Campeona Aficionado Potro del Futuro Tandil 2008, 3er Puesto. Mejor yegua Campeonato Nacional Conformación Tandil 2008. 3er puesto Campeonato Nacional Rienda Aficionado Tandil 2009.

Booming Rooster (hijo de Gallo del Cielo y de Booming Cash). Recientemente importado de Estados Unidos por nuestra cabaña conjuntamente con la cabaña de Ledesma Arocena Ganadera S.A. como padre de ambas cabañas.

Bingos Bam Bam (hija de Itsa Bingo Greyhound y de Oh Lady Boon). Camp. Nac. 2007/2008 Rienda Categoría. Aficionado Co Camp. Nac. Primer Puesto Rienda Aficionado A Puro Galope Sociedad Rural de Córdoba Nov. 2007. Segundo Puesto Western Pleasure Aficionado A Puro Galope Sociedad Rural de Córdoba Nov. 2007. Segundo puesto Rienda Aficionado Campeonato Nacional Tandil 2008.

Debo ser cuidadoso en el momento de colocar o quitar el bocado de la boca del caballo de manera que no golpee las distintas partes de su boca. Una buena manera de poner el bocado es colocar la mano derecha entre la dos orejas del caballo y con la misma sostener la cabezada del freno y con el dedo pulgar de mi mano izquierda invitarlo a que abra la boca; simultáneamente introduzco el bocado en la boca del caballo. Para quitar el freno con la mano derecha comienzo a bajar el freno suavemente. Cuando el caballo percibe el movimiento abre la boca y voy dejando paulatinamente que el freno se desplace fuera de la boca del animal. Nunca debo tirar o realizar movimientos bruscos para poner o sacar el freno porque golpearé la zona dentaria del animal y esto le causará incomodidad y en el futuro se negará a realizar esta maniobra.

Embocaduras

Hay tres elementos importantes para obtener un buen caballo de rienda: uno, la boca del caballo; dos, la manos del jinete y el tercero, el uso de un freno adecuado. De los tres requisitos, el más importante son las manos del jinete, en segundo lugar, la boca del caballo, y por último, el freno, cuya severidad la compensará la suavidad de las manos del jinete.

Los frenos y bocados son herramientas que me permiten emitir señales para comunicarme con los caballos. No debo utilizarlos para imponerme o violentarlos porque así solo conseguiré que el animal se rebele y/o no colabore con lo que le pido.

El caballo recibe las señales que emito con las riendas y el freno las transmite a su boca y su nuca. Hay una infinidad de terminales nerviosos situados en la misma boca, lengua, paladar, mandíbulas, labios y en la nuca y cuello del animal. Todas estas partes de su anatomía son mucho más sensibles de lo que creemos.

Por tal motivo, la excesiva presión en esos puntos causa pánico y daños irreparables. Así, por ejemplo, el temor a sufrir algún daño por el freno en las zonas mencionadas hará que el caballo desarrolle un comportamiento inseguro, generando una ansiedad constante o pánico a sufrir una agresión por parte del jinete, o bien pueden producirse hematomas que resultan incurables, quedando insensibilizada la boca de por vida. Existen otros casos en los que los caballos han sufrido daños en la lengua con cortes profundos. Si el daño es en las barras de la boca (la parte interior de la misma, donde se asienta el freno comprendida entre los molares e incisivos) pueden haberse dañado ambas barras y entonces el caballo no responderá al freno; si uno de los lados se encuentra más dañado que el otro, el caballo responderá menos a la señal del freno en la barra cuyo daño sea mayor. Por eso a algunos caballos se los califica de duros en la boca de un lado más que del otro. Para saber si un caballo ha sido maltratado en la boca nada mejor que fijarnos en sus barras: si han perdido el color natural —rosado— y son de color morado es que el caballo ha sufrido agresiones y violencia en las mismas.

El caballo maltratado en la boca reconocerá como adversa la señal que le doy con el freno, preparándose para lo peor. Automáticamente se pondrá tenso y resistirá el freno.

En cambio el caballo que ha sido enseñado con respeto y delicadeza estará probablemente relajado, su nuca estará flexible y con una actitud dispuesta para la siguiente maniobra. Esta es la clave en el adiestramiento de un caballo de rienda.

Es deseable que la lengua tenga movimiento y genere saliva. Para esto son buenos los frenos fabricados con cobre o de hierro, porque generan una buena cantidad de saliva; esto lubrica la boca y permite el movimiento del freno. El cobre en altas concentraciones es tóxico al organismo y por eso es conveniente que la barra del freno contenga este mineral en bajas concentraciones. Los frenos de acero inoxidable no son recomendables dado que no favorecen la salivación.

Otro punto que es importante es que el caballo tenga una buena flexión de nuca; si está tenso, se resiste al freno o ha sido maltratado en la boca, no estará relajado y asumirá una actitud defensiva que le provocará rigidez en la nuca y esto se verá reflejado en su boca. El caballo flexible en la nuca podrá mover la cabeza para ambos lados. Asimismo, flexionará el cuello sin resistencia.

Un caballo que no teme el bocado estará bien predispuesto para recibir las señales y obedecer las órdenes.

También es necesario que quien lo monte sea suave con las manos en el manejo de las riendas. En caso contrario el caballo endurecerá la nuca y terminaremos golpeando su boca.

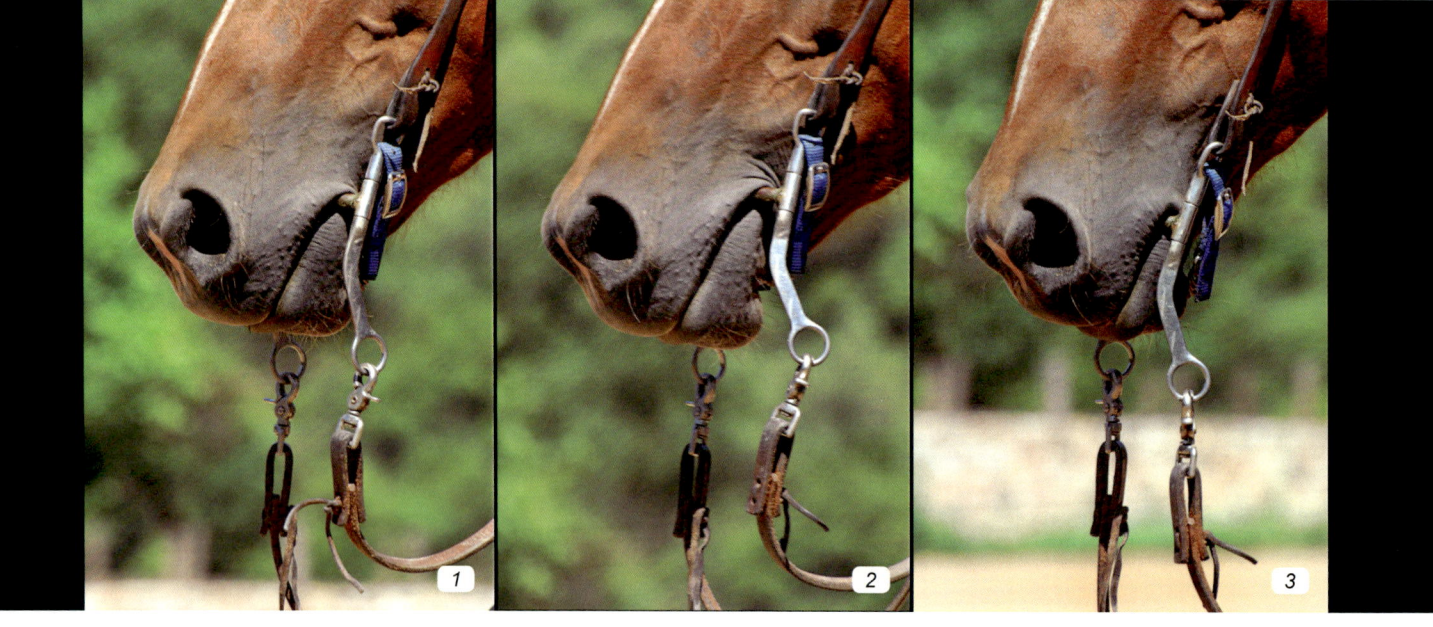

Foto 1. Tensión correcta de la cabezada.

Foto 2. Excesiva tensión de la cabezada. Está constantemente molestando al caballo.

Foto 3. Cabezada floja. El problema de la cabezada floja es que el freno golpea los dientes del animal y lo induce a adquirir vicios como el de elevar la cabeza o generar tensión en la nuca y cuello.

Un bocado o freno es efectivo, en primer lugar, cuando el caballo lo acepta y está confortable con el mismo. En este caso no tiene signos de rechazo. El caballo denota que rechaza el bocado cuando cabecea, pone rígido el cuello, la nuca, etc. En segundo lugar, cuando lo respeta y atiende la señal que por medio del mismo le transmitimos. Y por último, en tercer lugar, cuando nos permite comunicar con claridad las señales que deseamos transmitir.

Antes de decidir cuál es el bocado adecuado que voy a utilizar, debo definir la disciplina que voy a realizar. Por ejemplo, en una prueba de riendas utilizo un bocado que me permita trasladar el peso hacia los cuartos traseros y poder colocar la cabeza del caballo de forma vertical. Si necesito correr una carrera buscaré un bocado que me facilite trasladar el peso hacia adelante para poder incrementar la velocidad. En el trabajo de ganado, al combinar necesidades de velocidad y buena rienda tendré que buscar un bocado que me permita variar la posición del peso del caballo, ya sea para adelante como para atrás.

Cuando uso el bocado no lo debo hacer de forma constante; daré la señal y luego quitaré la presión que ejerce. Siempre poner presión y quitar presión. La presión debe ser razonable hasta cierto punto y esperar la respuesta: si el caballo responde retiraré la presión, si no responde la reforzaré ajustando las pantorrillas, si tengo que incrementar la presión lo haré utilizando las espuelas. Nunca golpear con las espuelas ni aumentar la tensión de las riendas.

Para iniciar un caballo utilizaré un filete y luego continuaré con un bocado con patas.

Durante el periodo de doma inicio al caballo con un filete más grueso. Cuando entienda lo que le pido y necesite mejorar su respuesta podré utilizar un filete de diámetro menor. Si es necesario corregir algún vicio, excepcionalmente usaré los filetes correctores, que son similares a los anteriores pero en los cuales la parte que va en la boca del animal consta de dos alambres retorcidos. Debo ser cuidadoso con su uso.

Cuando elijo un filete o freno debo tener en cuenta el diámetro y el largo del bocado, dadas las consecuencias que esto representa.

El largo correcto del bocado debe ser igual al ancho de la boca del caballo con una tolerancia de un centímetro mayor por cada lado. Si el largo es menor las patas del freno o las argollas del filete lastimarán la boca del caballo. Si es mayor a la medida óptima indicada el freno se desplazará de la posición correcta con lo que si es partido se clavará indebidamente en el paladar y si tiene puente este quedará desplazado. Como vemos, una medida inadecuada agrede la boca e incomoda al caballo, asustándolo.

El peso de las riendas influye en la boca y en el manejo del caballo dado que una rienda pesada golpea el freno y este agrede la boca del caballo. Es conveniente utilizar riendas livianas.

También hay que tener en cuenta el ajuste de la cabezada. Para saber si la cabezada está debidamente ajustada no hay nada mejor que fijarse en la comisura del labio. Cuando la comisura del labio tiene una pequeña arruga esto indica que la cabezada está correctamente ajustada. Si, por el contrario, la arruga de la comisura es mayor, la cabezada estará demasiado ajustada y molestará a la boca del caballo y entonces este tendrá la sensación de que le ejercen presión constantemente lo que le provocará incomodidad. En el caso de que la cabezada esté suelta el bocado golpeará los dientes inferiores de la boca del caballo agrediéndolo.

FILETE

El filete consta de dos argollas unidas entre sí por una barra; la barra puede ser rígida, o bien partida, con una o dos articulaciones.

El filete será mas suave en la medida en que cada una de las partes tenga mayor apoyo en la boca del caballo, y viceversa: si los puntos de apoyo son menores la presión se ejercerá sobre un área menor y resultará más severo. Por estas razones, de entre dos filetes con diferentes diámetros de barra el que tenga mayor diámetro será más suave que el de menor diámetro. Esto es fácilmente demostrable: si me ato un dedo con dos hilos de distinto grosor y con igual tensión el de menor grosor provocará mayor dolor que el otro.

En cuanto a las argollas, es conveniente utilizar los filetes con anillos en forma de «D», dado que estos modelos tienen mayor superficie de apoyo sobre los labios y resultan más suaves que los filetes, cuyos anillos se unen de forma directa con la barra central; estos tienen menor apoyo y presionan con mayor intensidad sobre los labios del caballo.

Las barras rígidas no son aconsejables, dado que ejercen presión constante en la boca del caballo. Por tal motivo, es conveniente utilizar filetes articulados. Los que tienen dos articulaciones son más suaves y ejercen menor presión que los que poseen una sola. Los de dos articulaciones presionan sobre la lengua y los de una articulación presionan además sobre el paladar del caballo. Por todas estas razones me inclino a utilizar filetes de dos articulaciones; en el caso de que el caballo no lo respete cambio por el de una.

Cuando utilizo el filete manejo el caballo con ambas manos. El motivo de tener que

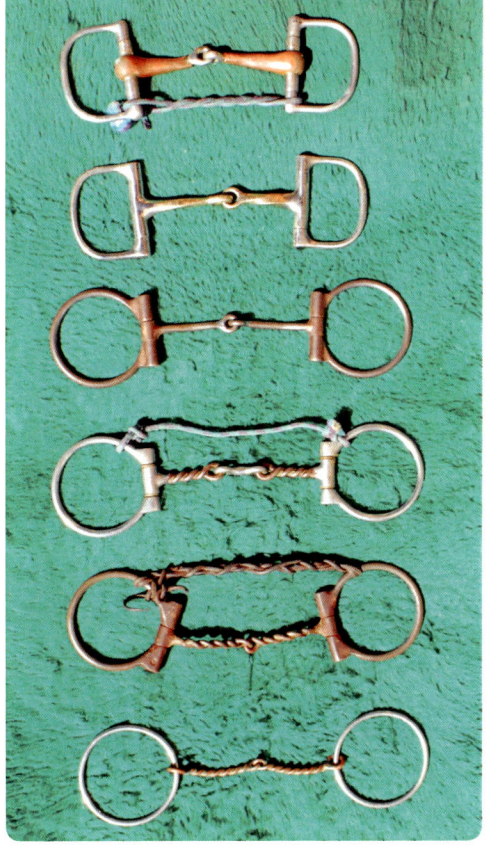

Filetes presentados de menor intensidad a mayor intensidad. Los tres primeros son los que se utilizan para iniciar un caballo. Cuando el animal acepta el primero de estos pasamos al segundo y luego al tercero. Los tres últimos son para corrección y/o para afinar a un caballo con un entrenamiento avanzado. Estos deben ser utilizados por personas expertas y con manos suaves para evitar arruinar la boca del caballo.

utilizar ambas manos es que el filete ejerce presión directa sobre la boca. Esto quiere decir que si tiro de la rienda derecha la presión la recibe el caballo en el lado derecho de la boca indicándole que debe ir hacia ese lado, y a la inversa si tiro de la rienda izquierda. También es importante manejar el filete a dos manos, dado que si lo hago con una mano, al tirar de las riendas ambas argollas tienden a juntarse y presionan con fuerza las mejillas y el paladar del caballo, provocándole fuertes dolores e incomodidad.

El filete es una herramienta muy versátil que afecta a distintas partes de la boca del caballo. Producirá y transmitirá una cantidad infinita de señales dependiendo de la posición de las manos que lo manejan. Por ejemplo, si coloco las manos de forma vertical la presión la recibirán la comisura de los labios y la lengua del caballo, mientras que si bajo las manos a la altura de la cruz la fuerza se trasladará a las barras de la boca y al paladar.

FRENO

En el caso del filete la presión se transmite de forma directa y no se amplifica. En cambio el freno trabaja de forma indirecta y la presión que ejerce el jinete con las riendas se amplifica.

El freno consta de una barra central que se vincula con dos brazos rígidos de palanca. Cada brazo de palanca consta de dos patas: una más corta que cuelga de la cabezada y otra más larga de donde cuelgan las riendas.

La pata más larga o inferior es la que ejerce la potencia y la pata corta o superior es la que actúa como resistencia; el punto de apoyo o fulcro se encuentra en la barra del freno que se coloca en la boca del caballo.

1. **Patas del freno.** La mayor o menor severidad del freno resultará de la relación entre la pata superior y la inferior. Cualquiera que sea el largo de las patas, si son iguales no habrá incremento de la fuerza y la severidad no será grande. Para conocer el grado de severidad del freno debemos medir la pata inferior y relacionarla con la superior. Se considera que un freno transmite razonablemente la fuerza cuando el largo de la pata inferior con relación a la superior es de 3 a 1. Si aumento la proporción a 6 a 1 resultará un freno muy severo; esta relación puede ser conveniente por ejemplo para un niño que posee una mano muy suave y menor potencia que un adulto.

2. **Articulaciones.** Otro elemento a tener en cuenta en los frenos es la cantidad de articulaciones que tienen. Mientras mayor sea el número de articulaciones será menos severo el freno respecto a un freno de menor número de articulaciones o rígido.

Normalmente, cuando inicio a un caballo en la doma comienzo con un filete, luego continúo con un freno que tenga varios puntos articulados *(foto 1)* y cuando el caballo está maduro, a los cuatro años,

---

Estos ocho modelos de frenos se utilizan después de que el caballo ha concluido la primera etapa de doma. Al comienzo de la doma uso el filete y cuando el animal está preparado para un entrenamiento avanzado entonces utilizo el freno. Las fotos de los frenos marcan el orden de severidad de los mismos. Primero utilizo el que está en primer lugar: este es un freno suave y articulado. A medida que avanza el entrenamiento paso a frenos menos articulados, y por último a frenos fijos. Estos son más severos pero de señal más precisa. Se deben utilizar únicamente cuando el caballo está avanzado en su nivel de respuesta al jinete y este debe ser muy suave con las manos para evitar golpear la boca.

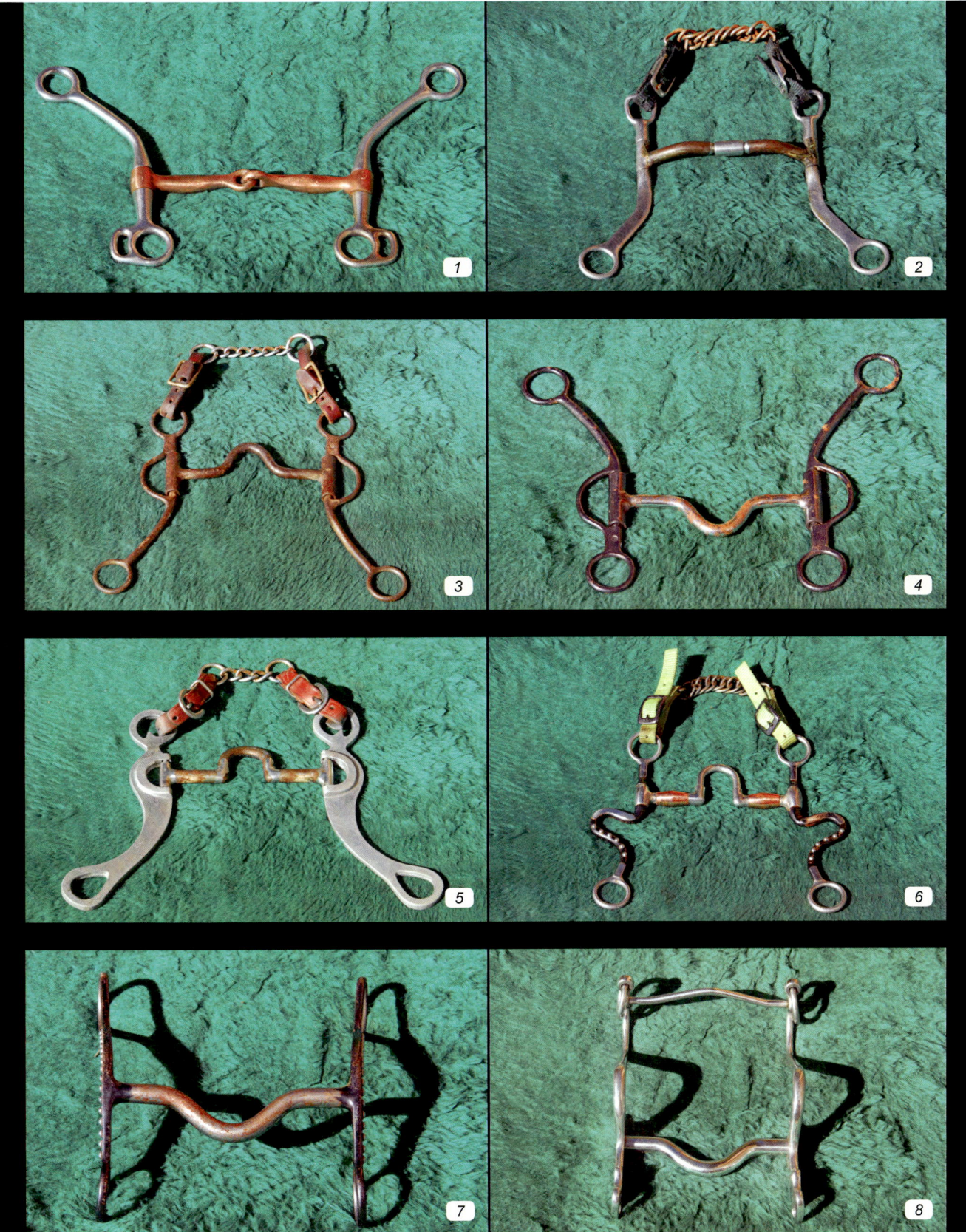

Estos dos frenos son para corrección y/o para afinar un caballo que posee un alto nivel de entrenamiento. Son frenos muy severos y deben utilizarse por personas expertas, con cuidado y con manos suaves. El último de los dos se llama freno mordaza y es el más severo de ambos; mejora la respuesta del caballo porque el espectro entre presión y liberar la presión es muy grande y rápidos los efectos.

entonces puedo trabajar con un freno rígido *(foto 7)*. Cualquiera podría deducir la conveniencia de utilizar siempre frenos articulados. En realidad esto no es así; la ventaja del freno rígido sobre el articulado es que transmite con mayor precisión la señal que emito con las riendas. En consecuencia, debo ser más suave con mis manos. Si utilizo un freno rígido, el caballo responderá a la más sutil señal que el jinete emita con las riendas.

3. **Barra.** En cuanto a la barra del freno, puedo decir que una barra articulada lo hace más suave. En el caso de tener dos articulaciones, eso nos permitirá trabajar el freno con dos manos y cada mitad del freno actuará de forma independiente *(foto 2)*. Si trabajo con una mano el freno funcionará como tal. En cuanto al material de la barra ya fue tratado al inicio.

4. **Puente.** El puente es la curva contenida en la barra del freno; no todos los frenos lo tienen. En el caballo el paladar y la lengua son las partes más sensibles y delicadas, comparativamente con las barras de la boca y los labios, que son menos sensibles. La severidad del freno dependerá de la zona en la que actúa. Por tal motivo los frenos con puente son menos severos porque el freno se asienta en las barras de la boca y presiona en las zonas menos sensibles como los labios y las barras de la boca, liberando a la lengua que se sitúa dentro del puente *(fotos 3 y 4)*. Hay que tener en cuenta que en los frenos con puente las barras rectas —situadas a ambos lados del puente— deben ser lo suficientemente anchas (2 cm) como para que puedan asentarse en las barras de la boca del caballo. En caso contrario no cumplirán ninguna función, transformando el bocado en recto y haciendo que trabaje sobre la lengua, lo cual lo hace muy severo.

Un freno cuyo puente y barra contengan uniones puntiagudas será mucho más severo. Lo mismo sucede si el puente se inserta en la barra de forma abrupta —90 grados o menos— *(foto 6)*; en la medida en la que el ángulo decrece y posee uniones en punta se incrementa la presión. A la inversa, si el ángulo es mayor, la pendiente será más suave decreciendo la severidad, pues las uniones serán más suaves *(fotos 3 y 4)*.

También el freno aumenta su severidad cuando la cumbre o parte central del puente posea elementos puntiagudos que hagan que ejerza presión en el paladar. Los frenos sin puente —rectos— son muy severos porque actúan constantemente sobre la boca, que como ya lo dijimos es una parte muy sensible del animal.

5. **Barbada.** En un freno sin barbada rota, el punto final de rotación estará donde hace tope en la cabezada del freno. Mientras el freno rota no amplifica la fuerza, presionando en zonas inadecuadas y produciendo golpes bruscos, como el paladar, zona muy sensible. La barbada impide que el freno rote libremente. Para esto

debe tener una tensión adecuada; esta será la suficiente como para que permita el paso de dos dedos aproximadamente entre ella y la mandíbula del caballo. Si la tensión es mayor el freno actuará inmediatamente impidiendo al caballo advertir la maniobra que se le pide y golpeando excesivamente sus partes sensibles. A falta de tensión de la barbada por estar suelta, la presión se ejercerá sobre la barra de la boca del caballo, lengua, barbilla o mandíbula y en tal caso el freno transmitirá una señal imperfecta.

6. **Largo y peso de la pata inferior.** El peso de la pata inferior y su largo permiten proporcionar mayor señal, graduando con mayor precisión su intensidad, algo similar a lo que sucede en el funcionamiento del péndulo en los relojes. A la inversa: una pata corta posee un recorrido corto y es difícil poder graduar la intensidad de la señal. El mayor peso de la pata inferior favorece la velocidad de retorno de esta a su posición neutral; por eso en algunos casos a las patas inferiores se les incorpora peso a través de su diseño o decoración *(foto 8)*. Una mayor velocidad de retorno determina el progreso en el adiestramiento, dado que el caballo que ha obedecido y es liberado más rápidamente de la presión avanzará con mayor rapidez.

7. **Forma de la pata inferior.** Comparando una pata inferior curva *(fotos 1, 2, 3 y 4)* con una recta, podemos decir que la primera nos permitirá graduar mejor la señal respecto a una pata recta, dado que la pata recta actúa de forma inmediata y su recorrido es menor respecto al otro modelo de pata. En consecuencia la pata recta proporciona menor señal.

8. **Equilibrio.** El freno debe tener un buen equilibrio. Lo comprobamos colocando la embocadura del freno en el dedo índice de la mano: las patas deben permanecer de forma vertical. Si el freno se inclina para adelante o hacia atrás es que está desequilibrado. Un freno desequilibrado provoca una incomodidad constante en la boca del caballo. Generalmente los frenos muy articulados resultan imposibles de equilibrar.

En síntesis, los frenos son herramientas que me permiten emitir señales y comunicarme con el caballo. No debo utilizarlos para doblegarlo, ni como herramienta para imponerle mi voluntad.

Mis manos deben conducir con suavidad las riendas y yo debo estar lo suficientemente atento para levantar la presión que ejerzo cuando el caballo responde correctamente a mis peticiones. En caso de que no responda o lo haga con lentitud debo reforzar la señal presionando con mis piernas, no con las riendas.

Para mejorar la boca del caballo debo tener un buen asiento en la montura. Un buen asiento implica que los movimientos del caballo no deben verse interferidos por mi peso o por el movimiento de mi cuerpo. Debo permanecer sentado en la montura dejando al caballo libre de toda tensión.

No debo agarrarme de las riendas como muleta para equilibrarme; cuando hago esto cada movimiento que realiza el caballo recibe un tirón por mi parte con las riendas; esto implica una presión innecesaria y una señal inconsistente que lo confunde. Con el tiempo el caballo deja de obedecer al bocado y su boca se endurece. Es un buen ejercicio conducir el caballo sin riendas; en este caso el jinete se ve forzado a manejarlo utilizando las piernas y a equilibrarse con las mismas.

Cuando cambio el filete por un freno, o paso de un freno suave a otro más severo, debo manejar el caballo con mucho cuidado pues necesita adaptarse a la mayor severidad de la embocadura. Esta situación al principio le ocasionará rigidez y el animal necesitará readaptarse al cambio.

Con el adiestramiento el jinete enseña al caballo un lenguaje compuesto de numerosas señales delicadas, casi invisibles, con el objeto de establecer una comunicación y alianza con el caballo. Enseñar es el arte de comunicarse.

Conclusiones

Lo que he querido transmitir en este libro es un método de entrenamiento basado en el respeto para conseguir que el caballo confíe en mí. Con él el entrenador será respetado por el caballo y podrá montarlo con confianza.

Nunca le obligaré a que realice algo en contra de su voluntad y de esta manera conseguiré que el animal desarrolle todo un mecanismo para agradar al jinete y obedecerle.

Para poder enseñar al caballo necesito utilizar el mismo idioma que él entiende; no puedo exigirle que hable mi idioma. Por eso es importante comunicarse con el lenguaje «equus», descubierto por Monty Roberts. Este lenguaje me permite generar una relación con el animal en la que él me coloca en la posición de liderazgo y acepta tal relación. Los caballos no son animales solitarios sino que para su supervivencia viven en manadas. Estas tienen un orden social. Todos los animales responden al líder, al que deben obediencia. Este a su vez se comunica con sus subordinados y ejerce su autoridad a través de la presión. Cuando el subordinado responde a la presión el líder cesa en su actitud.

Habiendo conseguido del caballo el reconocimiento como líder comienzo a ejercer presión sobre él y tan pronto como él me responde yo le quito la presión y él comienza a entender hacia dónde debe dirigirse. Si continúo presionándolo el caballo dejará de responder y perderé ese recurso. Por eso «la presión» es tan importante y fundamental para el entrenamiento.

Al principio comienzo con ejercicios sencillos y suaves para demostrarle al caballo que es capaz de realizarlos y que los mismos no le causarán estrés. A medida que avance en el entrenamiento buscaré realizar ejercicios más complejos; siempre le solicitaré algo adecuado a sus aptitudes y conocimiento. Cuando le pida algo nuevo y me dé cuenta de que todavía no está en condiciones de hacerlo cambiaré el ejercicio por algo más sencillo hasta que él esté en condiciones de realizar las maniobras más complejas.

Utilizo el método de repetición para conseguir que el caballo fije lo enseñado. Trato de emplear una serie de recursos y «argumentos para caballos» para modificar su naturaleza original e incentivar que se adapte a mis requerimientos.

No debo permitir que el caballo adquiera malos hábitos pues erradicarlos después resulta muy difícil.

Otra herramienta importante en el entrenamiento sin violencia son los refuerzos positivos y negativos. El primero resulta de aplicar un estímulo agradable que permite transmitirle al animal mi aceptación y complacencia cuando su conducta me agrada. El segundo se obtiene aplicando un estímulo que le provoca incomodidad; por ejemplo, la presión, o emito una señal que implica la posibilidad de ejercerle presión para que realice una determinada acción. Tan pronto como el caballo haya respondido quito la presión o ceso la señal. Además puedo incrementar el premio agregando el descanso, que es el refuerzo positivo por excelencia.

Mientras más rápido libere al caballo de la presión más avanzará en el proceso de aprendizaje; por eso utilizo por ejemplo frenos que me permitan aumentar o marcar el cese de la presión. Si, por ejemplo, quiero que un caballo camine cinco pasos para atrás le daré la orden de caminar hacia atrás y cuando haya realizado un paso le quitaré la presión y luego repetiré cuatro veces más la señal. Lo que no debo hacer es que, cuando él camine un paso hacia atrás para que haga cuatro más yo le incremente la presión. El mensaje que el caballo recibirá es que le estoy castigando por caminar hacia atrás y con el tiempo se negará a hacerlo.

Un caballo bien adiestrado resulta muy útil para el trabajo de campo.

El caballo es un animal muy sensible, con una boca muy delicada que debo tratar con la mayor suavidad; en caso contrario el animal se hará rebelde o temeroso, no querrá ser nuestro amigo, tratará de huir de nuestra presencia o se defenderá de cualquier forma para evitar estar a nuestro lado. Siempre debo darle la oportunidad de aprender; él por naturaleza no está preparado para saber lo que yo quiero que haga. El entrenamiento es la suma de pequeños conocimientos que se van acumulando en el tiempo y que le transmitimos al caballo durante un periodo prolongado; no es algo que se consiga de forma inmediata o en plazos cortos.

Los caballos, al igual que las personas, tienen días en los que están más o menos receptivos o en diferentes condiciones físicas; debo respetar tal situación. Hay días que rendirán más allá de su media y otros en los que lo harán por debajo de la misma; es parte de la naturaleza de los seres vivos.

Cada caballo tiene características y aptitudes propias; también en esto debo ser respetuoso. En caso contrario el adiestramiento lo destruirá.

Otro aspecto al que debo estar atento es a descubrir diariamente el grado de atención y esfuerzo que el caballo pone en el trabajo. Si ese día me he fijado una meta y él no obtiene el nivel que pretendo pero ha trabajado a su máximo esfuerzo, ya es suficiente. Hay que ser cuidadoso en esto porque de continuar insistiendo solo no lograremos alcanzar la meta ese día sino que lo arruinaremos.

Asimismo, si bien el entrenamiento diario es parte de un programa de trabajo compuesto por una cantidad de tiempo fijo, los caballos no saben nada acerca del tiempo. Debo tener la sensibilidad de conocer, com-

Final de un día de trabajo.

prender y encontrar el momento preciso de concluir el trabajo. Cuando los caballos han trabajado correctamente y han puesto todo de su parte, ese será el momento adecuado de concluir el trabajo, aflojar las riendas y dejar que se relajen y dar por finalizar la jornada laboral.

Cierro este trabajo con palabras de Monty Roberts, quien dijo que: «*Los caballos fueron en mi vida mis amigos, mis maestros y mis alumnos*».

Bibliografía

- CHRISTOPHERSEN Pedro F., *Teoría y práctica del juego de polo*, Asociación Argentina de Polo Buenos Aires, Argentina, Año 1948.

- DE CORBIGNY Élisabeth, *Doma natural*, Editorial Hispano Europea, Barcelona, España, Año 2008.

- FLARIDA Shawn and SCHMERSAL Craig, *Worl class reining*, Western Horseman Magazine, Colorado Springs, Colorado, EEUU, Abril 2007.

- LOOMIS Bob, *Reining the art of perfomance in horses*. Equimedia Corporation Colorado Springs, Colorado, EEUU, Año 1991.

- LYNCH Betsy y BENNETT Dwight, *Bits & bridles power tools for thinking riders*. Equimedia Corporation Austin Texas, EEUU, Año 2000.

- ROBERTS Monty, *El hombre que escucha a los caballos*, Tutor S.A., Madrid, España, Año 2002.

- ROBERTS Monty, *La Unión*, Tutor S.A., Madrid, España, Año 2004.

- ROBERTS Monty, *Los caballos de mi vida*, Tutor S.A., Madrid, España, Año 2005.

- ROMERO BLANCH J.M. *El arte de la equitación*, Albatros, Buenos Aires, Argentina, Año 1992.